ÉTUDES LÉGISLATIVES ET JUDICIAIRES

SUR L'ALGÉRIE

XV

DE LA LÉGISLATION ALGÉRIENNE

SA

CODIFICATION, SA RÉVISION, SA RÉFORMATION

PAR

UN MAGISTRAT ALGÉRIEN

Dicat imperator, et erit Lex!

« En avant! C'est la *Loi*, la *Loi* divine et sainte! »
GUÉRIN. *(Le Bey de Tunis et la Civilisation.)*

SÉTIF

IMPRIMERIE ET LIBRAIRIE DE Vᵉ VINCENT

—

1862

DE LA LÉGISLATION ALGÉRIENNE

SA

CODIFICATION, SA RÉVISION, SA RÉFORMATION

PAR

G. FRÉGIER.

Président du Tribunal de 1re instance de Sétif.

Dicat imperator, et erit Lex !

SÉTIF

IMPRIMERIE ET LIBRAIRIE DE Vᵉ VINCENT

1862

A SON EXCELLENCE

LE MARÉCHAL PÉLISSIER

DUC DE MALAKOFF

Gouverneur-Général de l'Algérie

Monsieur le Maréchal,

Un pouvoir éminent et, sous plus d'un rapport, illimité, vous a été donné sur l'Algérie par l'homme providentiel qui tient en ses mains les destinées de la France, et, peut être aussi, celles de l'Europe et du Monde.

Ce pouvoir, la France le sait, et, pendant de longues années, l'Algérie a appris à ne pas en douter, ne sera ni trop lourd pour vos robustes épaules, ni infécond sous votre créatrice impulsion.

Comme le Chef de l'Etat lui-même, vous pourrez, pour l'avenir de l'Algérie, tout ce que vous voudrez, et ce que vous voudrez, ce sera le progrès et le bonheur d'une Colonie que le Président du Sénat nommait si justement, dès 1852, l'un des plus beaux fleurons de la couronne impériale.

A d'autres, plus intimément initiés que l'auteur de

cet opuscule aux secrets de la situation politique et administrative de l'Algérie, de vous dire, ou plutôt de vous rappeler, ce que réclame et ce qu'attend de de votre énergique initiative cette France africaine.

Pour lui, humble disciple d'une plus humble muse, il ne veut et il ne peut vous parler que de ses besoins législatifs et judiciaires.

Il n'ignore pas qu'une voix isolée, alors surtout qu'elle part de si bas pour arriver si haut, mérite à peine de frapper votre oreille; mais il n'a pas oublié que Celui de qui émane toute puissance terrestre, écoute également et le faible murmure de l'insecte qui bruit sous l'herbe de la vallée, et le fracas retentissant de la foudre qui gronde sur la cime des monts, — et les faibles vagissements qui sortent d'un berceau, et la toute-puissante parole qui descend d'un trône!

Et puis, qu'importe l'instrument à qui ne regarde qu'à l'acte? — Magistrat obscur, il *agit* dans les limites de ses forces; il a conscience de vouloir, autant qu'il dépend de lui, provoquer l'assimilation et l'unification législatives de l'Algérie avec la France — et cela lui suffit.

Que n'a-t-il, en même temps que cette volonté, le talent, la science, l'expérience, l'autorité et le crédit de cet illustre Chancelier d'Angleterre qui osait dédier à un Roi, et qu'un premier ministre suppliait de lui présenter le fruit de ses méditations sur le progrès législatif de sa patrie!

Il ne le sait que trop, hélas! De toutes les facultés qui autorisaient Bacon à consacrer ses veilles à la composition de son *De augmentis* et de sa *Lettre* au duc de Buckingham, il n'en possède qu'une seule, — l'irrésistible et sincère désir de servir, à tout prix, la sainte cause à laquelle il a, depuis longtemps, voué toute son existence.

Mais ne fut-ce qu'à ce titre, peut-être ne jugerez-vous pas trop indigne de votre haute et bienveillante attention, cette étude sur la *Législation algérienne*.

La Justice est à la Société ce que la Société est à l'individu : — une des conditions essentielles de sa vitalité et de son développement.

Or, la Justice n'est que l'organe de la *Législation*.

Aussi, toujours et partout, aux premiers âges du monde, comme aux plus récentes époques de son histoire, sous la tente du patriarche comme dans le palais des rois, trouvons-nous étroitement unies entr'elles, comme deux immortelles sœurs, la *Législation* et la Justice.

Sur la terre algérienne, désormais devenue une terre française, la législation du vainqueur de 1830 a rencontré la législation du vaincu : — la première, fatalement forcée de se plier à certaines nécessités locales, et provisoires que commandaient certaines dérogations à ses règles générales, cherchant à se relever, et à échapper progressivement à ces dérogations : — la seconde, d'abord acceptée avec toutes ses imperfections par la politique pacificatrice de la France, et successivement modifiée et perfectionnée dans quelques-unes de ses formes et de ses manifestations purement accidentelles et extérieures.

Or, la France, aujourd'hui comme autrefois, Mandataire privilégié de la Providence, pour accomplir les faits et gestes divins[1] dans le sein de l'Humanité, — la France, ce soldat de Dieu et du Droit, qui va, combat, triomphe et meurt, s'il le faut, partout où il s'agit de planter la croix du Christ ou la pointe de son Épée dans l'intérêt sacré de la justice et de la

______

[1] *Gesta Dei per Francos,*

civilisation, — la France a compris, dès le lendemain de sa conquête algérienne, qu'elle était appelée à dresser sur un sol jusque-là musulman et barbare, la tente de réconciliation et d'alliance où les sectateurs du Koran et les disciples de l'Evangile se donneront un jour ce fraternel baiser, symbole éloquent et gage certain de la fusion en une seule civilisation et en un seul peuple, de deux civilisations et de deux peuples, hier encore rivaux et ennemis.

Mais rien ne concourra plus efficacement et plus directement à l'avènement de ce jour glorieux entre tous les jours glorieux de la France, que le règne, du Sahel au Sahara, de son droit, de sa justice et de sa loi, ou, pour tout dire en un seul mot, de sa *législation*.

Assimilation restreinte d'abord, unification sans limites ensuite, de la législation algérienne avec la législation française, — mais assimilation et unification graduelles et progressives, tel est le premier et dernier mot de la conquête morale de l'Algérie.

Mais cette conquête, à quelles conditions la France pourra-t-elle la consommer?

Voila l'objet de cette Etude.

Puisse t'elle trouver grâce à vos yeux, et valoir au magistrat qui la soumet à votre examen, la seule récompense qu'il espère, — la satisfaction d'avoir, à défaut de pierre, fourni son grain de sable à la construction de cet édifice de *législation* une et uniforme, dont, à son avis, tout magistrat algérien est *solidairement tenu*, dans la mesure de son pouvoir, d'aider et de hâter l'achèvement.

C'est à vous, Maréchal, que je devais naturellement l'adresser.

Que demandai-je? La *réformation*, le perfectionnement de la Legislation Algérienne.

Or, les lauriers de Sébastopol m'ont appris qu'à

l'exemple du conquérant César, du poète oriental Motenaby, et du moderne Jugurtha [1], vous êtes du petit nombre de ces hommes pour qui rien n'est fait encore, tant qu'il leur reste quelque chose à faire.

Le législation algérienne est imparfaite : à vous donc, Maréchal, de la perfectionner !

Dans cette conviction, j'ai l'honneur d'être,

Monsieur le Maréchal,

de votre Excellence,

le très humble et tout dévoué serviteur,

C. FRÉGIER,

Président du Tribunal de Sétif.

Sétif, le 10 Février 1862.

(1) Voir le *Livre d'Abdelkader* ou *Rappel à l'intelligent.*

PROLOGUE.

Le 25 Février 1848, vers cinq heures du soir, nous nous promenions, un de mes amis et moi, sur le cours de notre bonne ville d'Aix, cette *douce Argos* que je n'oublierai jamais, — tout pleins encore de la brillante *Introduction* de Ledru-Rollin, au Répertoire du *Journal du Palais*, introduction que nous venions de lire ensemble et la plume à la main, — lorsque, arrivés en face de la statue du roi populaire, René d'Anjou, nous nous mîmes à discuter la célèbre définition du Droit par le jurisconsulte romain Ulpien, si magnifiquement commentée par le publiciste français : « Le Droit, c'est la science du juste et de l'injuste, la connaissance des choses divines et humaines. »

Tout-à-coup, au moment même où nous admirions l'élévation et la profondeur d'une définition si digne du jurisconsulte, du philosophe, et du théologien, nous fûmes accostés par un jeune homme aux bras nus et nerveux, à l'œil intelligent, à la démarche fière et assurée. Il portait une blouse bleue : ses cheveux noirs flottaient en désordre sous une casquette de toile rouge, et tout en lui semblait annoncer un de ces innombrables ouvriers qui, sur les débris fumants d'un trône constitutionnel, espéraient dresser la tribune d'une république démocratique et sociale.

« Citoyens, nous dit-il d'une voix tonnante, à quoi bon tant de discussions? Le Droit ! mais rien de plus facile à définir! Le

Droit, c'est la science du tien et du mien, de ce que je vous dois et de ce que vous me devez : le Droit, c'est la science du devoir ! »

Nous nous regardions stupéfaits.

Mais lui, continuant son apostrophe :

— Le devoir ! oui, s'ecria-t-il, le devoir ! le devoir en haut, le devoir en bas, le devoir partout ! Voilà le Droit, voilà la loi, la loi de tous envers tous, de vous comme de moi, du riche comme du pauvre, de l'ignorant comme du savant !. . Voilà, chantait Pindare, la reine des hommes et des dieux ! Devant elle, nous sommes tous égaux ; pourquoi donc n'est-elle pas égale devant tous ?

Saisis d'un indicible étonnement, nous ne pûmes pas lui répondre.

— Eh bien ! moi, je vais vous le dire ! c'est que les uns la connaissent, et les autres l'ignorent ; c'est que, claire pour ceux-ci, elle est obscure pour ceux-là : c'est que, livre ouvert pour *vous*, elle est pour *nous* un livre fermé à sept sceaux !

— Et pourtant, de même que la bonté de Dieu, dont elle ne doit être que la parole incarnée, son niveau ne s'étend-il pas sur toute la nature.... humaine ?

— Citoyens, ajouta-t-il, après une légère pause, — en retroussant sa moustache à la mousquetaire, et en inclinant avec arrogance sa casquette sur son oreille gauche, — citoyens, croyez-nous, votre loi est *aristocrate*, et il faut qu'elle devienne *démocrate* ! Des *plébiscites* ! des plebiscites ! et toujours des plébiscites !! J'ai dit. —

Et, plus rapide que l'éclair, il disparût dans une mêlée turbulente de jeunes gens du peuple qui s'ouvrit respectueusement devant lui, et, comme un impétueux torrent, l'entraîna vers une rue jusqu'alors déserte et silencieuse.

Nous l'y suivimes. Il se précipita dans un club, s'élança sur une estrade improvisée, et là, Mirabeau de carrefour, tint suspendue à ses lèvres passionnées, — pendant plus de deux heures, — la foule frémissante d'enthousiasme et de sympathie.

Entr'autres singularités de ce *speech* fébrile et échevelé, comme tous les discours démocratiques de ce temps là, — tour-à-tour raisonnables et insensés, saturés d'hallucinations utopiques et sillonnés çà et là de vues éminemment pratiques, — je me souviens de son explication étymologique du mot *plébiscite*.

— Savez-vous, citoyens, mes *frères*, ce que cela signifie ? C'est ce qui est *su*, connu par le peuple, par la plèbe, par tous ! Un plébiscite, c'est la loi vulgarisée, popularisée, universalisée dans tous et dans chacun, sans distinction de rang ni de sexe. Et voilà pourquoi je veux que *vous* la connaissiez comme je la connais ; car si vous êtes, vous, des ouvriers de la glèbe, *je* suis, moi, un ouvrier de la pensée, et, à tous indistinctement, il importe de la connaître.

Des plébiscites donc ! Hors de là, pas de loi commune ! Le privilège, rien que le privilège ! La loi pour les élus seuls de la Société, la loi *aristocrate* ! !

Je crois encore le voir et l'entendre.

Il y avait dans sa voix, dans son regard, dans son geste, quelque chose de sincèrement convaincu, de profondément senti, le dirai-je ? de solennellement *prosélytique*.

Mais, pour ne parler que de ses idées sur la *vulgarisation de la Loi*, son discours ressemblait aux épigrammes de Martial, — successivement, et quelquefois simultanément, plat et sublime, extravagant et sage, bon, médiocre, et surtout mauvais.

Quel dommage, murmurai-je tout bas à l'oreille de mon ami, en lui montrant, dans la personne de *l'orateur*, un de nos plus studieux condisciples de l'Ecole de droit, transformé, depuis vingt quatre heures, en tribun de la plèbe, quel dommage que tant de loques sordides soient cousues à d'aussi riches lambeaux de pourpre !

— Rappelle-toi le mot de l'Evangile : « Beaucoup d'ivraie pour un peu de froment. » Mais attendons. Bientôt le van de la raison séparera le froment de l'ivraie.

J'ai attendu. De concert avec la raison, le temps et l'expérience ont vanné cet impur mélange.

Or, il m'a été donné de recueillir quelques grains de ce froment purifié, et, à plusieurs années de là, de les semer sur le sol si fécond de l'Algérie.

Déjà la moisson blanchit ; déjà des tiges précoces commencent à jaunir, et je puis, dès à présent, offrir les prémices de leurs épis au beau pays dont le soleil généreux les a inondés de ses rayons d'or.

Aujourd'hui ce bouquet d'épis! Demain peut-être la première gerbe, et, plus tard, *s'il plait à Dieu,* [1] la dîme de la moisson, la dîme toute entière !

(1) Traduction littérale de la locution arabe *Emchallah,* expression, non moins religieuse que concise, de la puissance absolue de Dieu et de l'impuissance relative de l'homme.

DE LA LÉGISLATION ALGÉRIENNE.

I.

Il n'y a que l'athée qui ne croie pas à la justice.

Il n'y a que le sauvage qui ne croie pas à la société.

Il n'y a que le barbare qui ne croie pas à la civilisation.

Or, la Loi est aussi bien le sceau de la civilisation que la base de la société et le fondement de la justice.

Donc, la Loi, c'est l'humanité religieuse et civilisée, le lien qui rattache entr'elles les choses divines et humaines, l'expression des droits et des devoirs privés et publics, religieux et sociaux, — la religion, la civilisation « *tout l'homme* [1]. »

Mais pour être cela, la Loi doit être pratiquée et pour être pratiquée, elle doit être connue.

La connaissance de la loi est donc la condition de son accomplissement.

Mais pour être efficace, cette connaissance doit être facile, certaine, universelle.

Comment obéir à la loi qu'on ignore, et comment la loi commendera-t-elle à qui ne peut, ne sait, ou ne doit pas lui obéir ?

Donc le premier soin de la justice, c'est de faire connaître à tous la Loi, c'est de la promulguer.

Mais est-ce tout ?

----

(1) Eccles. XII — 13.

La promulgation de la loi est-elle toujours l'instrument infaillible de cette connaissance *légale* qui seule peut engendrer l'impérieuse obligation d'obéir à la loi ?

Oui, chez un peuple naissant ou encore au berceau, — aux besoins simples et restreints, aux relations naïves et, en quelque sorte, domestiques, à qui suffit une parole brève, concise, saisissante — comme la parole d'un Dieu.

Non, chez un peuple développé, adulte, — aux besoins complexes et étendus, aux relations compliquées et publiques, pour qui la loi doit être l'expression écrite de ses relations et de ses besoins, expression trop souvent imparfaite, incomplète ou obscure comme, — la parole d'un homme.

Et cependant cette parole pourra devenir relativement parfaite, complète, évidente !

Ce sera quand le législateur lui donnera, dans les limites du possible, ces caractères de simplicité, de clarté, de concision et de *compréhensivité*, fruit d'une pénible élaboration d'idées, et d'une longue expérience de faits.

Alors, qu'il s'exprime en phrases sentencieuses comme Moïse sur le mont Sinaï, ou les Décemvirs dans les XII Tables, — en périodes emphatiques comme Justinien dans ses Constitutions, — en prescriptions tour à tour brèves et prolixes, comme Charlemagne dans ses Capitulaires, Saint Louis dans ses Etablissements, les rois ses successeurs dans leurs Ordonnances, — ou enfin, en articles sommaires et substantiels, comme Napoléon dans son Code, — alors, autant qu'il est permis de l'espérer d'un législateur humain, sa parole imite la parole divine, et, comme elle, entendue et comprise de tous, comme elle, peut à tous commander ou défendre.

Or, la législation d'un peuple n'en est là qu'autant que les textes qui la composent sont clairs et précis dans leur ensemble comme dans leurs détails.

Et, fût-elle arrivée à ce degrés de perfection, il lui resterait encore quelque chose à faire : — présenter tous ces textes sous leur forme la plus intelligible et dans leur ordre le plus lumineux et le plus logique, — de sorte que les lire fût, en quelque façon, les connaître et les entendre, les comprendre.

Là serait le triomphe de son œuvre sans doute, mais là ne serait pas son couronnement.

Réunir, coordonner, et codifier, c'est beaucoup, mais ce n'est pas assez.

Il ne suffit pas que les préceptes de la loi ne soient plus disséminés et perdus dans les mille détours d'un labyrinthe inextricable; ni même que chacun puisse les trouver dans une collection ou recueil par ordre alphabétique ou chronologique; il faut encore que, sans efforts, sans retard, à un moment donné, tous puissent en saisir le sens et la portée, leur rapport d'analogie ou d'opposition, de différence ou d'identité avec d'autres textes anciens ou nouveaux, parallèles ou à direction contraires. Bien plus ! Il faut que dans un seul texte il soit loisible à tous de trouver le résumé de tous les textes antérieurs, la loi unique, la loi vivante qui les régit et les gouverne.

En somme, la connaissance de la Loi, sa véritable *notification* commence par sa promulgation, et finit par un Code.

Qu'est-ce à dire ? si ce n'est qu'à l'œuvre de la rédaction des textes doit succéder d'abord l'œuvre de leur collection, puis celle de leur coordination, puis celle de leur codification, puis, enfin celle de leur transformation en un *Code*, en prenant ce mot dans l'acceptation du Code Napoléon.

Or, ces phases, moins la dernière, la législation algérienne les a traversées.

Un pas de plus, et elle marchera côte à côte avec notre législation française.

Elle aussi a besoin d'un code et le veut !

Nous venons le demander pour elle.

II.

Mais, que l'on nous pardonne cette locution empruntée au style du palais, mais avant tout, exposons clairement l'objet de notre demande : il nous sera d'autant plus facile d'apprécier ensuite son mérite, et de démontrer qu'elle est aussi recevable que fondée.

De même que toute œuvre humaine, toute législation a sa loi, loi d'incubation, loi de développement, loi de perfectionnement, loi de décadence.

Cette loi se révèle dans l'histoire de la législation de tous les peuples en général, mais plus particulièrement chez les peuples nouveaux, tels par exemple que les Colonies.

Là, plus que partout ailleurs, pour des causes que nous n'avons pas à rechercher ici, mais que tout le monde devine, il n'est pas mal aisé, à un esprit réfléchi et observateur, de surprendre et d'analyser le secret de l'influence et de l'action de cette loi.

Nous avons esquissé, dans une précédente Etude, ces deux premières manifestations.

Nous voulons aujourd'hui décrire la troisième.

Etant donnée cette loi, du développement de notre Droit algérien doit nécessairement sortir son *perfectionnement*, et comme premier degré de ce perfectionnement, sa *codification*.

Par ce mot, pris dans le sens le plus vulgaire et le plus généralement admis, nous entendons, non ce qu'entendait Thibaut, cet illustre vengeur de la codification moderne, non ce qu'entendirent les savants rédacteurs de nos Codes, mais ce que firent Théodose le jeune, Justinien, Basile et tous les législateurs qui, régnant à des époques de développement avancé du droit de leur peuples, résolurent de contenir, de régulariser et de simplifier ce développement par des Recueils ou Collections de textes, connus sous le nom de Pandectes, Digestes ou Codes.

Dans ce sens, composer un Code, *codifier*, c'est tout à la fois vouloir ce que voulait Thibaut, et ne pas repousser ce que demandait son célèbre adversaire, de Savigny : c'est élever un monument, mais un monument progressif à la législation d'un peuple, faire la part du passé et de l'avenir, de la tradition et de la raison; c'est enfin réaliser un incessant progrès !

Mais la législation algérienne est-elle mûre pour cette codification ?

Qui oserait le nier ?

Telle que nous la concevons, et telle qu'elle est en effet, n'a-t-elle pas déjà touché à tous les points qui appelaient son intervention ? Droit civil, droit administratif, procédure civile, procédure administrative, etc. a-t-elle rien négligé de ce qui devait naturellement tomber sous son empire ? Nos trente ans de conquête n'ont-ils pas provoqué sa présence et son action dans les matières diverses qu'elle pouvait régler seule, ou qu'elle devait régir de concert avec la législation métropolitaine ? Si vous en doutez, parcourez, ne fût-ce que d'un œil distrait, le *Bulletin des lois Algériennes*. Je vous défie de n'y pas voir, à chaque page, la preuve indiscutable du fait que je viens d'avancer.

Il y a plus ! Si, comme nous espérons l'avoir invinciblement démontré, l'Algérie a un droit propre à elle, un droit spécial, un droit *sui generis* et que, pour cette raison, nous avons appelé le *Droit algérien*, nous disons qu'il suffit de parcourir à vol d'oiseau la vaste sphère de ce droit, pour être convaincu que, sauf les questions de pur droit civil et commercial, il n'est presque pas de matières du droit métropolitain qui, transportées sur le sol de l'Algérie, n'en aient pris le cachet et revêtu le caractère. Que serait-ce si, ne me bornant pas à noter les changements que ce droit a éprouvés au contact de notre ciel, de notre terre et de nos mœurs, je faisais successivement passer sous vos yeux les dispositions du droit tout-à-fait algérien qu'ont nécessité les circonstances locales ? Vous resteriez convaincu que sur ce théâtre de l'Algérie, se sont, pour ainsi parler, donné rendez-vous deux droits rivaux en apparence, mais, en réalité, amis ; — l'un tout français, l'autre tout algérien, — l'un marqué du signe de cette perfection relative qui est l'attribut d'un droit déjà révisé, codifié, réformé ; — l'autre, entouré de scories plus ou moins épaisses, qui accusent les tatonnements, les imperfections et les vices d'un droit qui, à coup sûr, a besoin de se réformer et de se compléter.

Aussi, à l'heure qu'il est, la question n'est-elle pas de savoir si ou non il existe une législation algérienne, un droit algérien ; cette législation existe : ce droit existe. Soutenir le contraire, ce serait nier l'évidence.

Ce qu'il s'agit de savoir, c'est si cette législation et ce droit, actuellement encore imparfaits et susceptibles d'importantes améliorations, sont appelés à de meilleurs destins : si l'heure de leur réformation et de leur perfectionnement a sonné, qu'elle en est l'objet, quels en sont les moyens, quel doit en être le but !

Que la législation algérienne doive se transformer progressivement en législation française ; que, conséquemment, sous peine d'inintelligence et de manque de logique, elle soit obligée de saisir, pour ainsi dire, au passage, toutes les occasions de faire un pas de plus dans cette voie du progrès au terme de laquelle elle doit infailliblement rencontrer, pour s'unir, se fondre et s'identifier avec elle, la législation de la métropole ! — là-dessus tout le monde est d'accord. Telle est sa vocation, telle est son irrésistible téndance, tel est le but que la providence de Dieu et le génie de la France ont assigné à ses aspirations les plus invincibles, et à ses plus légitimes espérances.

Mais, après la codification, quoi de plus propre à l'y conduire que la *révision* et la *réformation* des divers éléments de cette codification !

Pour nous, une législation révisée, c'est l'ordre, c'est la clarté, c'est la simplicité dans ce qu'elle avait de confus, d'obscur, de complexe : c'est la correction des textes inexacts, l'harmonie dans les dispositions contraires ; ce sont les pléonasmes proscrits, les antinomies détruites, les incertitudes de rédaction mises à néant. — La révision d'une législation, c'est le renouvellement, aussi perfectionné que possible, de la *forme* de cette législation.

Quant à sa réformation, c'est cela sans doute, mais c'est plus que cela. Une législation réformée, c'est tout à la fois une législation codifiée et révisée, car sans codification, pas de révision, et sans révision pas de réformation : mais c'est aussi l'amendement intérieur de cette législation, l'expurgation de ses vices constitutionnels, l'élagage de ses prescriptions surannées ou illogiques, la réparation de ses lacunes, l'expulsion de ses superfluités, la refonte, non pas superficielle, non pas purement grammaticale, mais intime, mais profonde, mais viscérale de toutes ses parties envisagées au double point de vue de son texte et de son esprit. — La réformation d'une législation, c'est le progrès foncier, c'est la rénovation progressive du *fond* de cette législation.

Ainsi donc, codification, révision, réformation, voilà les trois termes, les trois conditions ,et les trois degrés du perfectionnement législatif.

Avant d'aller plus loin, disons ce qu'est, à nos yeux, ce perfectionnement. La chose en vaut la peine, s'il est vrai, comme l'a dit un de nos jurisconsultes les plus distingués[1], que la vraie civilisation d'un peuple soit le perfectionnement de ses lois.

III.

Dans notre *Droit algérien*, nous avons exposé la génèse de la législation algérienne, et nous avons indiqué l'histoire de son développement et de ses progrès jusqu'à nos jours.

[1] A. Morin, *de la discipline judiciaire.*

Nous croyons y avoir montré que le Droit algérien, né en 1830, et qui, depuis cette époque, a successivement traversé les phases de l'enfance, de l'adolescence et de la jeunesse, venait enfin d'entrer dans celle de sa maturité.

Il nous restait à expliquer, et c'est ce que nous allons faire, quels sont les éléments de cette maturité, ce qu'elle est, et ce qu'elle doit-être pour le plus grand bien de la civilisation européenne et de la colonisation française en Algérie.

Qu'on ne s'étonne pas de rencontrer, à chaque instant, dans nos Etudes sur notre colonie, les grands mots de colonisation et de civilisation !

Nous écrivons du Droit, de la Législation et de la Justice en Algérie — admirable trilogie dont l'incarnation, si j'ose parler ainsi, dans les institutions, les mœurs et les destinées d'un peuple n'est autre chose que l'implantation au milieu de ce peuple de la civilisation, et comme l'avant-goût et la garantie de la colonisation de son sol.

Le Droit, nous ne cessons de le répéter, c'est la civilisation! il en est la sauvegarde comme la Loi en est la base, et la Justice, le sceau consécrateur.

Donc tout ce qui tendra à la détermination du Droit, à la certitude de la Loi, à la bonne administration de la Justice. tendra du même coup à l'œuvre de la civilisation et au progrès de la colonisation.

Mais le Droit ne sera déterminé, la Loi ne sera certaine, la Justice ne sera bien administrée, que le jour où la *Législation* qui embrasse, contient et résume, dans son vaste sein, le Droit, la Loi et la Justice, aura pleinement atteint son âge mûr, je veux dire le maximum de son *perfectionnement*.

Or, ce perfectionnement, en quoi consiste-t-il ?

Une législation ne naît pas d'un seul jet. Fruit d'une incubation plus ou moins longue et plus ou moins lente, elle n'arrive au mouvement et à la vie que faible, débile et languissante. Peu à peu, il est vrai. elle se fortifie, grandit, se développe avec le peuple qu'elle a mission de gouverner. Mais des années et des années encore s'écoulent avant que, maîtresse d'elle-même, en possession de toutes ses énergies et de toutes ses facultés, elle puisse revêtir le prétexte de l'adolescence, et surtout la toge de la virilité. — Et même le jour où elle sera libre des entraves qui auront retardé ou gêné la liberté de ses allures et de ses actes, elle reconnaîtra sans peine qu'elle a beaucoup à faire pour mériter les honneurs et jouir des avantages de la majorité.

C'est ce qui est advenu à la législation algérienne. Aujourd'hui mineure émancipée, elle sent que, pour se dégager véritablement de toute tutelle, elle a besoin de ressembler de tous points à la législation française, sa tutrice et sa mère, et qu'il lui faut nécessairement se replier sur elle-même, ramasser toutes ses forces, concentrer tous ses mouvements, pour entendre prononcer sur elle ce *fiat* de la maturité qui l'élèvera, elle, humble législation coloniale, à la hauteur, au rang et à la dignité de la législation métropolitaine.

C'est que la réalisation de ce *fiat* n'est pas chose facile. Pour une législation, naître est un fait fatal, grandir un fait naturel, mûrir un fait tout à la fois fatal et volontaire, assujettis à la nécessité des circonstances et à la spontanéité du libre-arbitre. Naître, dépend de Dieu, grandir, de Dieu et du temps, mûrir, de Dieu, du temps, et de la volonté ou du travail personnel.

Or, une législation n'est mûre qu'alors que jetant un regard sévère sur tous ses éléments, et pesant dans une exacte balance son passé, son présent et son avenir, elle s'étudie à combler ses lacunes, à réparer ses erreurs, à bannir ses défauts et ses vices, et même à corriger ses moindres imperfections !

Qu'importe que le temps, les circonstances, un plus ou moins heureux concours de cent causes diverses l'aient créée, développée et formée !

Tout cela ne lui sert de rien ou de presque rien, si elle ne s'attache incessamment à progresser, à s'amender, à s'améliorer à se réformer, à se *perfectionner*, faisant sur elle même ce que faisait le Préteur romain sur la Loi des XII Tables, se restreignant, s'étendant, se corrigeant, se suppléant, pour se rapprocher toujours d'avantage du type et de l'idéal de toute législation des peuples civilisés et progressifs.

Quand une législation en est là, — quand, lasse de flotter, incertaine et indécise, au milieu des vagues d'une mer inquiète et agitée. elle aspire à jeter, comme l'esquif symbolique du poète, dans un port tranquille et sûr, l'ancre d'une stabilité progressive, et à lui demander un repos momentané, simple suspension de nouvelles et plus longues courses vers le port de sa destination définitive, —alors, pour pousuivre l'allégorie du Chantre de Venuze, elle se ravitaille, se radoube, et, les flancs plus raffermis et plus robustes que jamais, elle reprend la mer, sans craindre d'affronter les dangers d'une navigation suprême.

Qu'est-ce à dire ?

C'est qu'en d'autres termes, une législation codifiée, ré-visée, réformée, n'a plus qu'une étape à franchir, pour tou-cher aux bienheureux rivages d'une législation transformée : c'est qu'entre la législation ainsi transformée et la législation perfectionnée, nous allions dire parfaite dans le sens relatif de ce mot, il n'y a guère qu'un trait-d'union et que ce trait-d'union, le temps ne tarde pas à l'effacer.

Heureuse donc la législation parvenue à l'âge de sa co-dification, de sa révision et de sa réformation ! Heureuse, par conséquent, la législation algérienne, puisque le moment est venu pour elle de se réformer, et, par suite, de pressentir celui de sa transformation!

Que si quelque esprit pessimiste ou rétif (il s'en trouve partout, même en Algérie!), s'évertuait à contester les pré-misses de notre thèse, ou, tout en les admettant, en rejetait les conséquences, nous n'aurions, pour dissiper son erreur et vaincre son obstination, qu'à mettre sous ses yeux les principales causes, les principaux éléments d'une réforma-tion législative.

Quand, pourquoi et comment une législation peut-elle et doit-elle être réformée ?

Avant tout examen local et algérien, nous pourrions, sur ce point, nous contenter de l'autorité de Bacon, ce jurisconsulte-philosophe que nous aimons tant à citer, toutes les fois que nous parlons *d'instauration* législative. Bacon a répondu à cette triple question, dans sa lettre à Jacques 1er, roi d'Angleterre, sur les améliorations, ou plutôt les innovations à introduire dans la législation anglaise.

Or, cette législation, au 17me siècle, et aujourd'hui encore, présentait plus d'une analogie avec la législation algérienne. Comme celle-ci elle était entachée de bien des obscurités, fourmillait de bien lacunes et d'incertitudes, et, plus que tout cela, renfermait bien des textes surannés et vermoulus.

Eclairer ces obscurités, combler ces lacunes, fixer ces incertitudes, écarter ces textes ou les rajeunir, c'est à quoi dut songer et songea, l'immortel publiciste qui, pour devenir le Montesquieu de l'Angleterre, n'avait qu'à se vouer exclusivement à l'étude historique et philosophique des lois.

Nous ne pouvons que vous renvoyer aux ouvrages de ce grand homme. Lisez et méditez tout ce qu'il a écrit à cet égard, tant dans son *Novum organum*, que dans ses *Sermones fideles* et dans ses *Opuscules*. Ce qu'il a dit de la réforme des lois en général et spécialement des lois anglaises, on peut incontestablement le dire, *mutatis mutandis*, des lois de l'Algérie.

Mais sur un sujet aussi important que le nôtre, il s'agit bien d'argumenter par voie d'autorité ! Invoquons donc des arguments purement rationnels.

Nous affirmons qu'une législation doit être réformée,

Quand par négligences, incurie ou impéritie, elle contient des dispositions anciennes, qui, *légalement* parlant, subsistent toujours quoique frappées de désuétude et tombées dans un profond oubli, — des prescriptions provisoires ou transitoires qui ont perdu leur opportunité et leur raison d'être, — des textes contradictoires ou difficiles à concilier, — des préceptes disparates dont la force obligatoire est en même temps contestable et contestée ;

Quand, à raison de la diversité des peuples auxquels elle s'applique, elle soulève et fait naître d'une part, sans les résoudre ou les trancher, soit touchant les *biens*, soit même touchant les *personnes*, des questions, des controverses, et des divergences non moins importantes que nombreuses, résultant d'une rédaction vicieuse, incomplète, incohérente, illogique et, d'autre part, provoque et commande des décisions économiquement ou politiquement contraires aux intérêts présents et futurs du pays qu'elle régit ;

Quand, législation coloniale, au lieu de se modeler progressivement sur le patron de la législation métropolitaine partout où elle peut l'imiter, elle garde l'empreinte d'un passé distancé par un présent qui ne peut presque plus rien conserver de celui-ci ;

Quand, loin de marcher d'un pas rapide dans la grande voie de l'avenir, elle s'embourbe dans l'étroite ornière du passé ;

Quand enfin, (pourquoi ne pas l'avouer ?) dans son esprit comme dans sa lettre, elle reconnaît des exigences, elle proclame des nécessités, elle veut des progrès auxquels résiste obstinément une routine aveugle et inintelligente, ou cette force d'inertie qui sied si bien à l'ignorance, à la paresse, ou, tout au moins, à l'indifférence.

Dans tous ces cas, et dans bien d'autres semblables, la réformation d'une législation devient, un peu plus tôt, un peu plus tard, indispensable, et chaque jour de retard lui apporte son contingent d'inconvénients graves et de funestes résultats.

Or, je vous le demande, à cette courte esquisse, qui ne reconnaîtrait la législation algérienne? Et qui serait assez hardi, pour oser prétendre qu'elle n'a pas besoin d'une réformation?

Mais cette réformation, quel en sera le mode? Faudra-t-il se borner à une réformation partielle, ou bien entreprendre une réformation totale?

Dans la première hypothèse, on ne s'occuperait, par exemple, que de notre législation judiciaire, depuis l'ordonnance de 1834 jusqu'aux derniers décrets ou arrêtés relatifs à cette matière, ou bien encore de la législation administrative, de celle du notariat, etc, etc. — Ce serait là, sans doute, un grand bienfait pour l'Algérie; mais combien plus grand ne serait-il pas, si non content d'un remaniement incomplet, on touchait à chacune de nos ordonnances générales! — Il n'est pas seulement question de réparer ou de restaurer! il nous faut reconstituer, reconstruire, non le péristyle, non une pièce, pas même une aile isolée, mais l'édifice tout entier, de ses fondations à son faîte!

Jusqu'ici le Droit algérien a subi le joug de nécessités locales que, pendant un temps impossible à déterminer, il continuera de subir. De là, beaucoup de dérogations, beaucoup de modifications, au droit français, que dis-je? de là des différences assez profondes pour nous autoriser à affirmer que ce qui est la règle, le droit commun en France, est souvent l'exception, le droit, jusqu'à un certain point, particulier en Algérie. Voulez-vous vous en convaincre? Examinez la législation algérienne sur la propriété, sur l'expropriation pour cause d'utilité publique, les servitudes militaires, la procédure civile! Sur toutes ces matières, et sur une foule d'autres, des exceptions, plus ou moins importantes, ont été introduites par cette législation dans la législation métropolitaine.

Or, ces modifications, ces dérogations, ces exceptions, ont été à leur tour, et à des époques diverses, l'objet d'autres exceptions, d'autres dérogations et d'autres modifications, éparses sans ordre, dans une multitude de documents de dates et d'auteurs différents, espèce de chaos qui rappelle le *labyrinthus inextricabilis* de Dumoulin, et où la codification, la révision, la réformation que nous sollicitons, pourra seule faire un peu de lumière.

Cette réformation, nous ne saurions trop le redire, voilà ce qui manque à notre législation. C'est parce qu'elle n'a pas encore été opérée, que tant de questions de Droit Algérien sont débattues devant nos tribunaux, notre Cour, et

même la Cour de Cassation , — question de toutes sortes, et
dont la seule énumération nous demanderait plusieurs pages;
questions de promulgation, questions de statuts personnels,
questions de nullités, questions d'abrogations, et cent autres,
soit de droit administratif, soit de procédure, soit de droit
français, soit de droit musulman, soit de droit international,
qui sont, à l'heure qu'il est, et seront encore longtemps
sub judice, parce qu'elles ne sont pas expressément et clairement résolues par notre législation. Quelle variété d'opinions,
quelle divergence d'interprétations, quels conflits de jurisprudence! Rien de semblable, croyez le bien, si toutes ces
questions avaient été résolues, ou tout au moins prévues par
un texte net et précis, si en d'autres termes, la législation
algérienne, née de vues de détail bien plus que de vues
d'ensemble, était remaniée, éclaircie, harmonisée comme
l'ont été l'ancien et le nouveau Droit de la France, par les
rédacteurs des dernières ordonnances de nos rois, et surtout
par les rédacteurs de nos Codes.

Et maintenant, qui oserait révoquer en doute, et l'opportunité et l'utilité de sa réformation? Il n'y va de rien moins
que de son progrès et de son perfectionnement, et, par là
du progrès et du perfectionnement de la civilisation et de la
colonisation de l'Algérie. Une législation incertaine et imparfaite, comme notre législation, suspend et paralyse le crédi
matériel et moral d'une colonie, et, ne fut-ce qu'à raison
des longs et nombreux procès qu'elle enfante, frappe comme
d'impuissance les éléments les plus féconds de la prospérité
d'un pays.

Non que l'Algérie puisse arriver à ce résultat d'un seul
coup, brusquement, et pour ainsi dire, d'emblée.

Nous savons qu'il est nécessaire de faire la part des tra-
ditions, des idées, des mœurs, des habitudes et des tendances de cette foule d'individus de toutes nations qui composent
la population algérienne.

Nous savons surtout qu'il serait imprudent, à l'heure qu'il
est, d'essayer d'amener, autrement qu'on ne l'a fait avec

plus ou moins de succès jusqu'ici, c'est-à-dire lentement, graduellement, progressivement, son élément le plus nombreux, la population musulmane, à une assimilation législative qui, à coup sûr serait impossible, à force d'être intempestive et téméraire.

Mais, c'est précisément parce que nous savons ces choses, que nous devons signaler à l'attention publique tout ce qui, suivant nous, serait directement ou indirectement de nature à rapprocher notre législation du but auquel la France peut bien viser, assurément, mais auquel, avant longtemps encore, il ne lui sera pas donné d'atteindre.

Déjà dans plusieurs circonstances, et à diverses époques, des commissions ont été créées pour réviser, éclaircir, perfectionner la législation algérienne.

Quelque chose d'analogue avait été même établi à l'égard de la législation musulmane.

Je veux parler du *Conseil de jurisprudence* qui, aux termes de la loi du 1er octobre 1854, sur l'organisation de la justice musulmane, était chargé de statuer sur toutes les questions de jurisprudence, et dont les décisions, espèces de *Responsa prudentium*, devaient acquérir force de loi après leur approbation par l'autorité supérieure.

Or, nous l'avons dit bien souvent, et nous ne saurions trop le répéter, tout n'est pas clair, tout n'est pas harmonique, tout n'est pas parfait dans la législation algérienne. On sait comment et par qui ont été rédigées ses principales dispositions; nous pourrions même dire quelques-uns de ces nombreux documents, et l'œil le moins exercé n'a pas de peine à y découvrir des imperfections nombreuses, et de regrettables lacunes. — Tâtonnements du législateur, impéritie ou précipitation du rédacteur, incertitude sur les moyens à prendre, quelquefois même incertitude sur le but à atteindre, variations à de courts intervalles et sur le but et sur les moyens, et plus que tout cela, disons-le bien haut; une certaine paresse, un je ne sais quel esprit d'insouciance et d'inattention dont le moins désolant résultat n'a pas été d'accumuler difficultés sur difficultés, et par suite, d'entasser commentaires sur commentaires ; tels sont les vices les plus saillants et les plus fréquents de la législation algérienne.

Un magistrat que nous aimons à nommer, quand nous avons à parler de cette législation, M. de Ménerville, qui mieux que personne en a parcouru les sentiers et sondé le terrain mouvant, fait justement remarquer dans la préface de son estimable *Dictionnaire*, « qu'une confusion inévitable est quelquefois résultée d'un pareil état de choses. »

C'est là, pourquoi ne pas l'avouer ? une vérité connue, trop connue de tous ceux qui, de près ou de loin, ont été à même de voir à l'œuvre ou de faire fonctionner nos lois algériennes.

A diverses reprises, on a tenté de remédier au mal que nous signalons, et entre tous, M. de Ménerville, par la publication de son *Dictionnaire* et sa *Jurisprudence de la Cour d'Alger*, a grandement contribué à un peu de lumière dans le cahos de notre législation.

A bien des égards, nous savons aujourd'hui ce qui la compose, et avec beaucoup plus de facilité qu'autrefois, nous pouvons en trouver et en combiner les éléments.

Mais, malheureusement, les travaux publiés jusqu'ici ne sont encore que le commencement de l'œuvre laborieuse, compliquée, multiple, et collective plutôt qu'individuelle que nécessiteraient la coordonnation et l'élucidation approfondie et détaillée d'une multitude de textes incomplets, incohérents, illogiques, obscurs, ou inutiles.

Ce qu'il faut à notre législation, pour être radicalement purgée de tous ces vices, c'est un travail de récension générale, de remaniement complet, de *révision* consciencieuse, de réforme et de refonte, portant également sur son ensemble et sur ses détails.

Sans ce travail, impossible d'arriver jamais à cette codification intelligente que se proposait le Ministre de la guerre dans un rapport au Chef de l'Etat[1] et qui à tout comprendre, n'est autre chose que notre réformation.

[1] 7 décembre 1848.

Nous avons ces matériaux sous la main, — quelques recherches encore, et nous les posséderons tous. — Il ne reste qu'à les étudier, à les ajuster, et à les employer d'après un plan se rapprochant, autant que possible, de ce lui des codes de la métropole.

Entreprise difficile, longue, aride assurément, mais bien faite pour tenter l'ambition de quiconque veut servir les intérêts judiciaires et législatifs de l'Algérie.

Le jour où elle sera accomplie, l'Algérie jouira enfin d'un droit à elle propre, d'un droit algérien. Elle sera, permettez-moi cette expression toute romaine, elle sera *sui juris*.

Et qu'on ne dise pas qu'à tout prendre ce ne sera là qu'une œuvre préparatoire, temporaire. Eh! qu'importe, si elle est nécessaire, si, sans elle, notre législation est condamnée à chercher toujours, sans pouvoir le trouver jamais, un état définitif, durable et permanent?

Ne méprisons pas l'humble gland, il est le germe d'un grand chêne!

Pour qui ne peut encore avoir le plus, n'est-ce donc rien que de se procurer le moins! alors surtout que *le moins* doit, à une époque plus ou moins rapprochée, amener infailliblement *le plus*?

IV.

Mais, pour n'être pas accusé de nous trop complaire dans les inaccessibles hauteurs de l'abstraction, de la théorie, peut-être même de l'utopie et du rêve, consentons à nous placer sur le terrain de l'expérience, de la pratique, et ne craignons pas de descendre, sans autre préambule, de la région de l'idée et de l'intelligence dans celle du fait et de la matière. Comparons donc notre Code législatif au *Codex* pharmaceutique ou *medicamentarius* de la France.

Aussi bien, pour nous faire pardonner cette comparaison, quelque peu insolite, pourrions-nous, au besoin, nous autoriser de l'exemple de Cicéron et de Montaigne qui appellent l'un « maladies morales, » les procès résultant d'une législation vicieuse, et l'autre « image de la médecine » l'*humaine* justice et parlant, l'humaine législation.

Sans être aussi fervent et aussi exagéré partisan de l'*Analogie* que Fourrier, ou aussi absolu *mainteneur* du panthéistique « Tout est en tout » que Jacotot, peut-être pourrions-nous cependant signaler comme une sorte d'application du système de l'un et de la manière de l'autre de ces penseurs originaux, les rapports, les ressemblances, et puisqu'il nous faut user de ce mot, les *analogies* existant théoriquement, ou pouvant exister pratiquement entre certaines idées ou certains faits d'ordre différent, appartenant, celles-ci à la catégorie des choses physiques et matérielles, ceux-là à la classe des métaphysiques et morales.

En voici un exemple que nous préférons à tout autre, parce qu'il servira de thème à notre projet d'amélioration de la situation législative de l'Algérie.

Nous le trouvons dans notre rapport présenté à l'Empereur le 20 juin dernier, par Son Exc. le Ministre, de l'Instruction publique et du Commerce et concernant la publication d'un nouveau *Codex* pharmaceutique.

Ce rapport qu'on peut lire dans le *Moniteur Universel* du 31 décembre 1861, commence par définir l'objet et le but du *Codex médicamentarius* qu'il appelle avec raison « le code imposé aux médecins et aux pharmaciens. » C'est, dit-il, un formulaire officiel, publié avec la sanction du Gouvernement, et d'après ses ordres — contenant toutes les préparations médicinales et pharmaceutiques qui doivent et qui peuvent être tenues par les pharmaciens. — En garantissant la santé publique contre les dangers de l'empirisme, il est à la fois pour les praticiens, un guide certain, et pour l'administration un moyen assuré d'ordre et de surveillance.

Mais, pour qu'il atteigne ce double but « il est nécessaire qu'il soit réellement au niveau de la science, qu'il en présente toujours le résumé fidèle, qu'il en constate et enregistre tous les progrès; il faut, en un mot, qu'il soit la dernière

expression de l'enseignement de nos écoles. C'est donc un
ouvrage essentiellement progressif, appelé à subir, au moins
à certains intervalles déterminés, une complète révision. »

Ici le rapport *constate* les *progrès* déjà réalisés, et par suite,
les modifications déjà subies par le Codex actuel. Rédigé pour
la première fois le 23 juillet 1748, ce Code médical fut
remplacé par celui rédigé en 1818 conformément à la loi
du 21 germinal an XII, lequel à son tour fit place en 1837
à un nouveau Codex, celui encore en vigueur aujourd'hui.—

Or, depuis cette dernière époque, « la science a marché
d'un pas rapide, la médecine et toutes les sciences accessoi-
res qui contribuent à ses progrès, se sont enrichies d'utiles
découvertes : de nouveaux médicaments, de nouvelles formules dont l'expérience a démontré, le succès, l'utilité, et le
perfectionnement, attendent une sanction légale que l'inser-
tion au Codex peut seule leur donner.—Car, tant que le Codex
ne les aura pas consacrées à l'exclusion des autres, le phar-
macien pourra faire entr'eux un choix arbitraire, et le
médecin ne sera pas assuré de délivrer le même médicament
identique dans toutes les officines. »

D'où il suit que le codex de 1837 ne suffisant plus aux
nécessités de la pratique médicale, il est urgent de le mettre
en harmonie avec l'état de la science.

C'est pourquoi les deux ministres demandent au nom des
intérêts de la science médicale et de la pharmacie et en vue
d'assurer les garanties dûes à la santé publique, qu'il soit
nommé une commission chargée de s'occuper immédiatement
de la rédaction d'un nouveau Codex pharmaceutique, commission qui, aux termes du rapport que nous venons d'analyser
et qui a été sur le champ approuvé par l'Empereur, a été
nommée le 11 décembre 1861 par S. Exc. M. le Ministre de
l'instruction publique, et composée des membres de l'Académie
impériale de médecine les plus capables, par leurs connaissances et leurs pratiques, d'élever à l'art de guérir un véritable et digne monument.

Résumons tout ceci. — De quoi s'agit-il ?

D'améliorer, de *réformer*, en un mot de perfectionner un recueil de formules que nous pourrions appeler la législation de la santé physique.

Cette législation existait, mais imparfaite, mais susceptible de perfectionnements et de progrès, mais ne répondant que d'une façon insuffisante aux circonstances, aux besoins et aux nécessités de nos jours. Aussi, l'autorité souveraine, tutrice de la santé de tous, s'est-elle, à plusieurs reprises, empressée de s'élever à la hauteur de ces circonstances, de satisfaire à ces besoins, de pourvoir à ces nécessités, et, rejetant loin d'elle cet aveugle attachement à ce qui a été ou à ce qui est, présage aussi funeste que certain de tout progrès et de tout perfectionnement, a-t-elle toujours à cœur de créer ce qui n'était point encore, mais avait déjà sa raison d'être, — un nouveau Codex comprenant tout ce que comprenait l'ancien, moins ses imperfections et ses lacunes.

Eh bien ! au lieu de Codex *médicamentarius* ou pharmaceutique, parlons du Code des lois civiles, administratives, etc, de notre colonie ! Qu'est-ce, je vous prie, qu'un pareil Code, si ce n'est la législation de la santé civile, le *Codex*, renfermant sous forme d'articles de loi les médicaments et les formules indispensables à l'art de guérir ces maladies morales qui, au dire d'un Ancien, ne sont autre chose que les procès ?

S'il en est ainsi, et à défaut du témoignage de Cicéron, notre propre témoignage nous suffirait à cet égard, n'est-il pas évident que tout ce que nous avons extrait du rapport précité sur l'utilité d'un nouveau Codex, d'un Codex *progressif*, s'applique tout naturellement, *mutatis mutandis*, à la collection de nos lois algériennes, et s'y applique d'autant mieux, que moins avancées et moins heureuses que les formules pharmaceutiques avant 1818, elles sont encore, et sous plus d'un rapport, à l'état incertain et indéterminé où étaient ces formules avant l'arrêt du parlement de Paris de 1718?

Qu'elles soient donc, comme nous l'avons plusieurs fois

demandé, qu'elles soient donc codifiées d'abord ; qu'ensuite leur *codification* soit successivement, au fur et à mesure des circonstances, révisée, corrigée, réformée ; que, suivant pas à pas les progrès et les modifications de la colonie, elle *constate*, en se les inféodant, les dispositions législatives qui les ont provoquées, ou qu'elle a provoquées elle-mêmes ; qu'en d'autres termes, nos lois soient progressives comme les hommes, les institutions et les mœurs, et que leur codification soit progressive comme les lois ! Avant peu, qu'on ne s'y trompe pas, la législation algérienne aura fait un grand pas vers cette identification légale, sujet de tant de méditations, but suprême de tant d'efforts, et qu'il ne nous sera donné de réatliser que le jour où, grâce à l'initiative des éminents fonctionnaires à qui sont confiées les destinées de l'Algérie, à l'énergique et puissante impulsion des Chefs de notre magistrature, et enfin aux travaux d'une commission choisie parmi les hommes de France et d'Algérie les plus dignes d'attacher leur nom à cette œuvre grande et solennelle, l'Algérie aura pour acquérir, conserver la santé morale de ses divers habitans, le Codex législatif dont la France va être douée.

Est-ce que la santé des esprits ne vaut pas la santé des corps ? Est-ce que de notre temps comme du temps de Cicéron et de Claude Fleury [1], les procès, ces sources permanentes et trop souvent intarissables de mésintelligences, de divisions et de haines, ne sont pas des épidémies et des pestes morales, tout aussi funestes aux progrès de la colonisation et, par suite, à l'avenir et à la prospérité du pays, que les épidémies et les pestes physiques ?

Mens sana in corpore sano! Sans cette double santé, principe de tout bonheur isolé et collectif, fondement assuré de toute prospérité privée et publique, il n'est pas un homme, pas une société humaine qui puisse accomplir sa

---

[1]. Traité du choix et de la méthode des études.

terrestre destinée. Cette vérité qui n'a pas besoin d'être démontrée, malheur au Pouvoir, malheur à l'Administration qui ne la comprendrait pas, ou qui, la comprenant, ne consacrerait pas tous ses efforts et tous ses labeurs à la rendre sensible dans une pratique de chaque jour et de chaque instant!

V.

Faisons donc pour la Législation ce que la métropole va faire pour la Médecine, et qu'on publie avec la sanction impériale le Code réformé et progressif des lois algériennes!

Nous objecterait-on que quelle que soit la multiplicité des lois de l'Algérie, il doit en être pour elle, comme pour la France, où, quelle que soit d'ailleurs l'ignorance juridique et législative, tout le monde est censé connaître la loi !

Oui, sans doute, en France comme en Algérie, nul n'est censé ignorer la loi !

Voilà qui est facile à dire !

Il est vrai, et personne ne s'y méprend, il est vrai que ce n'est là qu'une présomption légale — oui, mais une présomption qui exclu la preuve du contraire, une présomption *juris et de jure*, une présomption-vérité, et même, pour parler avec un des plus illustres canonistes d'Espagne [1], plus forte que la vérité!

A Dieu ne plaise que je m'élève contre la légitimité, que dis-je? la nécessité de cette présomption! Il en est d'elle comme de l'autorité de la chose jugée. Elle est fondée comme elle sur un principe absolu d'ordre public et d'intérêt social, devant lequel doivent s'incliner et se taire toutes les considérations basées sur l'intérêt individuel, les convenances particulières, ou des circonstances exceptionnelles.

Proclamons-le donc nous aussi! oui, chacun est présumé

______

[1] Covarruvias. Var. Res. lib. 1 cap. 1. n. 4. *Prœvalet veritati.*

connaître la loi, même la loi algérienne, cette loi si marquetée, si bigarrée qu'on l'a justement caractérisée, en la nommant tantôt une mosaïque, tantôt une peau de zèbre ou de léopard — mélange on ne peut plus varié de droit français, de droit étranger, de droit musulman et de droit israélite; composé tout à la fois d'inspirations de la Biblè, de l'Evangile, de nos Codes et du Koran, —offrant, comme on l'a dit[1], le triste spectacle d'une incroyable anarchie de juridictions, jurisprudences et de législations.

C'est là un dogme juridique, qui ne fut jamais contesté et qui ne le sera jamais !

Mais encore faut-il que la loi puisse être connue et que le législateur n'épargne rien de ce que doit en divulguer, populariser, et universaliser la notion et la connaissance. Sans cela votre présomption, bien plus, la loi elle même, ne sera qu'une vaine fiction, une ombre, tranchons le mot, une contre-vérité, un mensonge! *Idem est non esse aut non apparere.*

Ah! que désormais, la loi soit ce qu'elle doit-être, sinon dans un sens rigoureux et philosophique, du moins dans un sens pratique et social! Et que celui-là pour qui elle ne le sera pas, ne s'impute qu'à lui-même d'ignorer ce qu'il peut, ce qu'il doit connaître !

Donc cette loi, faites-la connaître, simplifiez-la, enseignez-la[2], restreignez-la dans des limites étroites et sous la forme concise d'articles ou de propositions dogmatiques, en un mot, d'un Code! — Faites pour elle ce que firent pour la simplification et l'unification des Ordonnances et des Coutumes, les Dumoulin, les Lamoignon, les Daguesseau, et, pour la simplification et l'unité des divers droits qui se disputaient les diverses parties de la France, les Cambacérès, les Portalis, etc. Notre œuvre est certes plus facile que la leur. Pourquoi, dès lors, ne ferions-nous pas ce qu'ils ont fait? Ce qu'ils ont achevé en grand, nous devons, tout au

(1) *Zéramna*, Journal de Philippeville. Article de M. Thuillier.
(2) Voir notre Étude sur l'*Enseignement du Droit en Algérie*,

moins, l'entreprendre en petit. *Nil mortalibus arduum est!* Non, rien n'est difficile à l'homme qui, doué d'une énergique volonté, ne connaît d'autres limites à ses forces naturelles ou acquises, que les deux bornes que le poète latin assigne à tout effort humain, et qu'il nomme si exactement *metas rerum*, l'impossible et l'absurde !

Il faut qu'à mesure que le français ou l'étranger pose son pied sur nos rivages, il ne tienne qu'à lui de savoir quel est le droit spécial qui doit l'y régir ; — qu'au lieu de s'adresser à des hommes de loi, souvent aussi embarrassés que lui pour répondre à ses questions, le jour où un contact d'affaires judiciaires ou autres, tant civiles qu'administratives, lui fera sentir la nécessité de connaître telles lois, tels décrets, telles ordonnances dont il n'aura jamais entendu parler jusque-là, il lui soit possible et facile d'ouvrir un recueil, un *Code* de lois algériennes, qui le mette immédiatement, instantanément, à même de comprendre ou du moins de prévoir quel est le droit qu'il doit invoquer, la procédure qu'il doit suivre. Or, pour cela, un dictionnaire de législation ou de jurisprudence algérienne, comme celui de M. de Ménerville, ne saurait suffire. Connaître les lois, disait un jurisconsulte romain, ce n'est pas seulement en posséder les mots, le texte, mais encore la force et la puissance, *vim ac potestatem.* Mais ces lois, ces ordonnances, ces décrets, que vous trouverez à leur rang chronologique ou alphabétique, dans ces deux précieux ouvrages, se rattachent, se confondent même avec des lois, des ordonnances, des décrets antérieurs, par des points et par des liens difficiles à voir, plus difficiles encore à saisir, et partant, si vous ne les dénouez par une connaissance approfondie et détaillée de l'histoire, de notre législation ou par une juste appréciation des besoins passés et présents de notre colonie, si vous ne prenez le glaive d'une interprétation fondée sur des études que vous n'avez pas faites, et sur des habitudes et des mœurs qui vous sont étrangères, — ce lien, vous ne pourrez l'apercevoir, ce nœud, vous ne pourrez ni le délier, ni le trancher.

Je sais bien que sur plusieurs points de notre législation, autrefois controversés et aujourd'hui encore controversables, la Jurisprudence de la Cour d'Alger, telle qu'elle est résumée dans le dictionnaire précité[1], fixera vos incertitudes, ou vous indiquera l'état de notre législation ; — oui, mais ces points si nombreux soient-ils, sont loin, bien loin de rappeler cette multitude de questions, de doutes, de difficultés, d'obscurités, d'antinomies, que font naître, à première lecture, et même après examen attentif, les textes si multipliés de notre législation.

Cette législation, nous l'avons dit, ne s'est pas faite en un seul jour ! Les mêmes hommes n'en ont pas proposé ou adopté les diverses dispositions, et ces dispositions ne sont pas nées des mêmes circonstances. Aussi ne doit-on pas être étonnés du défaut d'harmonie, de clarté et d'unité qu'on y a souvent signalé. Mais ce qui plus que toute autre cause, a, suivant nous, contribué à la hérisser d'ambiguités et de contradictions et d'anomalies, c'est l'emploi trop fréquent de formules, aussi commodes pour un législateur, qu'elles le sont peu pour le jurisconsulte, le magistrat et le justiciable, — formules, en quelque sorte, stéréotypées, et qui terminent la plupart de nos documents législatifs postérieurs à d'autres documents de même nature qu'ils ont pour but de compléter et d'éclaircir, et sur lesquels, trop souvent, ils ne répandent que plus de ténèbres et d'obscurités [2].

Que suit-il de là? c'est que pour beaucoup de jurisconsultes et de magistrats, et presque pour tous les justiciables,

[1] On consultera avec fruit le très utile *Recueil de Jurisprudence Algérienne* de Mᵉ Robe, bâtonnier de l'Ordre des avocats d'Alger.

[2] Ex: Art. 62 du règlement sur le notariat : « toutes dispositions contraires aux présentes, sont abrogées. » Art. 64 du décret réorganisateur de la justice musulmane, « toutes autres dispositions.... sur l'organisation de la justice indigène; cessent d'avoir leur effet en ce qu'elles ont de contraire au présent décret.

« Il en est plus de cent que l'on pourrait citer. »

l'interprétation des lois algériennes, est devenue tout aussi difficile et incertaine que celles des lois ou *fetouas* musulmans, et que pour nous tout comme pour les musulmans, le vrai signe de la capacité juridique et la condition indispensable de l'admission aux fonctions judiciaires, devrait être ce que les Docteurs de l'Islam ont si bien appelé la connaissance, la distinction, l'explication des lois *abrogeantes* et des lois *abrogées*.

Voilà où nous en sommes après les travaux de collection, de classification, d'annotation et d'élimination accomplis par les Francke et les Ménerville.

On répond, il est vrai, que cette difficulté d'interprétation dûe aux formules concises et finales de la plupart de nos lois, se rencontre également et presque aussi souvent dans les lois de la métropole. Nous l'avouons, et c'est pour nous une raison de plus de blâmer une façon si leste et si fâcheuse de procéder à l'œuvre ardue de la législation. — Mais qu'on ne s'imagine pas qu'en France, il en résulte d'aussi graves inconvénients qu'en Algérie ! En France, ces formules se rapportent à un ensemble de lois, généralement conçues, méditées, préparées, édictées par des commissions laborieuses, éclairées, patientes, très versées dans les matières de législation, de doctrine et de jurisprudence, — matières bien connues, consciencieusement élaborées par d'autres commissions douées de mêmes facultés et animées du même esprit; de sorte qu'à bien des égards, l'*intelligibilité* de ces lois dépend autant de la manière de les rédiger que d'une tradition uniforme et constante, s'infiltrant sans interruption du sein du passé dans le sein du présent, et qui, sauf des cas exceptionnels, suffirait à elle seule pour prévenir les embarras et les complications exégétiques devant lesquelles hésite et même quelquefois échoue l'homme privé ou l'homme public qui a besoin de comprendre ou de concilier les dispositions de nos lois algériennes sur un même sujet.

Je dis sur un même sujet. Que sera-ce sur des sujets différents entre lesquels il existera de ces affinités, de ces relations qui ne permettent pas de les comprendre ou de les interpréter l'un sans l'autre! On en a vu un exemple récent, et qui, je crois, restera dans les annales de notre jurisprudence, comme une preuve éclatante des vices et des lacunes de notre législation ; je veux parler de cette mémorable cause [1] où, l'absence du paraphe d'un témoin au bas d'un renvoi d'une donation a été interprétée diversement et en sens diamétralement contraire par un tribunal de première instance et par la Cour, par le barreau et par l'opinion publique. Il s'agissait-là d'une question de promulgation, et cette question, en l'absence d'une publication explicite de la loi de Ventose, ne pouvait être résolue que par l'examen comparé des principaux documents de notre législation entr'eux. — Evidemment ce grave procès prenait sa source dans une lacune qu'un législateur plus avisé n'eût pas manqué de prévoir et de combler, lorsqu'en 1842 il réglementa le notariat algérien.

Et qui nous dit que, plus tard, dans des matières analogues, à propos d'huissiers ou autres officiers ministériels ou publics, des procès de ce genre ne s'élèveront pas en Algérie? Déjà plus d'une fois nos tribunaux n'ont-ils pas retenti de questions semblables concernant les commissaires-priseurs?

VI.

Or, remarquons le bien, tous ces procès ne reposent que sur les difficultés d'interprétations de textes publiés en Algérie et pour l'Algérie, à l'instar de ceux déjà publiés en France sur les mêmes matières, et que, par une négligence regrettable, on n'a ni clairement coordonnés avec d'autres textes de la législation algérienne antérieure, ni avec les textes correspondants de la législation française.

Et dire que de pareils textes sont forcément, légalement, présumés connus de tous ceux qui les ignorent !

Qu'est-ce donc qui les leur fera connaître? L'enseigne-

(1) Aff. Aberjoux.

ment oral et public, écrit et privé, de la loi algérienne? les décisions de la jurisprudence? assurément! mais avant tout et par dessus tout, sa codification raisonnée et réformée c'est-à-dire, précédée d'un travail de coordination et de révision.

C'est là, il faut en convenir, *l'hoc opus*, *l'hic labor*, la grande œuvre de la législation algérienne.

Nous sommes en 1862; plus de vingt volumes du *Bulletin officiel des actes du Gouvernement*, du *Bulletin du Ministre de l'Algérie et des colonies*, et du *Bulletin officiel du Gouvernement-général de l'Algérie*, ont été publiés sur la législation de notre colonie. Aujourd'hui donc, le travail de sa réformation nous paraît plus opportun et plus urgent qu'en 1848, — époque où, à l'instar du Conseil d'Etat en 1813 et du Garde des Sceaux en 1824, le Ministre de la Guerre proposait la nomination d'une commission chargée, non seulement de colliger, de vérifier tous les documents connus de notre législation et de rétablir ceux qui avaient été omis, mais encore d'élaguer les dispositions virtuellement ou explicitement abrogées, et d'indiquer celles susceptibles d'être maintenues ou dignes d'être conservées.

Or, est-ce que, de nos jours comme à cette époque, il n'est pas vrai de dire avec le général Lamoricière, que les intérêts réglés par notre législation l'ont été si souvent, à des points de vue si différents et par des autorités si diverses, suivant la mobilité des choses et des hommes, que pour les administrateurs comme pour les magistrats, et à plus forte raison pour les justiciables, il en résulte des embarras et des difficultés d'interprétation et d'application qui appellent un terme et une réformation?

Est-ce que nous, Algériens de 1862, nous ne pouvons pas affirmer que nos lois sont encore un amalgame d'une foule de textes émanents de sources multiples, qui se contredisent, dont très peu sont explicitement abrogés, et dont la plupart ne le sont que par une formule impuissante et inefficace.

Est-ce qu'il a cessé d'être vrai que plus d'une fois la même matière a été réglée par des autorités d'origines et de tendances diverses, d'où sont nés entr'elles des conflits d'attributions ou d'interprétations très préjudiciables aux intérêts de tous ? .

Est-ce qu'enfin, plus encore qu'en 1848, il n'est pas aujourd'hui absolument nécessaire de coordonner nos lois, de les synthétiser et de les concentrer, dans un travail, fruit précieux d'une codification intelligente, qui en résume les résultats certains et définitifs, et soit, aux innombrables documents de la législation algérienne, ce que devait être, d'après Dumoulin, aux mille coutumes et usages locaux de la France de son temps, ce *liber brevissimus et nitidissimus* dont il exposait les éléments, et qui n'a vu le jour qu'en 1804 sous le titre de Code Napoléon ?

Je pourrais dépeindre ici l'embarras d'un magistrat algérien, en face de ce pêle-mêle de textes discordants, incohérents et incertains. Qui le guidera dans ce dédale ? où pourra-t-il saisir un fil conducteur, si surtout, juge de paix ou membre d'un tribunal solitaire, éloigné de tout centre judiciaire de quelque importance, il n'a que lui seul, ou presque que lui seul à consulter ? à combien d'erreurs ne sera-t-il pas exposé? si intelligent, si réfléchi qu'il soit, combien n'en commettra-t-il pas? Ah ! de grâce, plaignez-le, mais ne le blâmez pas, si le désordre de ses idées, l'impuissance de ses recherches, le calme de ses impressions, l'induisent fatalement dans une de ces déplorables erreurs, dont il gémira amèrement le jour où de patientes études les révèleront à ses yeux enfin déssillés ! — Qu'il en serait autrement, si dès son arrivée en Algérie, il lui était possible d'avoir sous la main et comme dans un tableau-synoptique, la situation présente et définitive de la législation qu'il aura mission d'appliquer ! que d'erreurs évitées, que de tourments, que de regrets, peut-être même que de remords épargnés !

Et cependant, cela est nécessaire, ce magistrat sera présumé connaître notre législation, aussi bien, pour ne pas dire mieux, que nos défenseurs et nos avocats !! Décidément, si vous ne voulez pas exiger de lui un noviciat, un apprentissage préalable, une préparation pratique, mettez entre ses mains le catéchisme, le Code de nos lois : qu'il puisse l'étudier sans ennuis et l'apprendre sans peine ! Sans cela... Mais à quoi bon insister plus longtemps sur ce point ! N'est-il pas évident pour tous que, sans un pareil auxiliaire, jamais ce magistrat tout fraîchement débarqué sur nos rivages, ne connaîtra suffisamment notre législation ? Eh ! depuis quand, toucher le sol algérien conféra-t-il une science infuse ? Je le répète, n'exigeons pas trop de nos magistrats. Contentons-nous de leur demander ce que réclament le bon sens, la raison, la justice ! Le reste, Dieu aidant, leur arrivera par surcroît, et grâce à un travail opiniâtre et continu.

VII.

Disons maintenant ce qui a été fait : nous comprendrons d'autant mieux ce qui reste à faire.

Depuis 1848, deux grands efforts ont été tentés pour réaliser notre pensée, l'un, par M. de Ménerville, dans l'ouvrage plus haut cité; l'autre en 1848 par la commission qui nous a donné le *recueil* des actes du gouvernement de 1830 à 1854.

Parlons, en premier lieu, de ce recueil.

Le but de la commission n'a été que de remplacer par un seul et unique volume, mais Dieu sait quel volume ! les quatorze volumes du *Bulletin officiel*, et ce but, par une sage élimination d'actes inutiles à reproduire, ou sans intérêt général, elle l'a complètement atteint ! — Mais son travail qui devait ressembler à la *Collection des lois* de Duvergier qu'elle avait pris pour modèle, n'a presque rien de commun avec celui que nous demandons, et encore moins mérite-t-il le titre de *Code spécial* de l'Algérie, qu'elle lui a peut-être témérairement décerné.

Autrement importante est l'œuvre de M. de Ménerville. Grâce à elle, nous avons commencé à voir quelque peu clair dans nos ténèbres législatives, et bien plus facilement qu'avant lui, nous pouvons chercher, deviner et combiner les éléments de notre législation si complexe, si confuse et si étendue. Ainsi qu'il le déclare lui-même, son livre est une œuvre de classement et d'indication de l'état de notre législation, et certes, cette œuvre, il l'a accomplie de façon à bien mériter de la Colonie. Mais, il en conviendrait lui-même, de là à la réformation de cette législation, comme nous l'entendons, il y a une prodigieuse distance, et l'œuvre dont nous traçons l'esquisse, peut seule la franchir.

A son exemple, nous avons plus d'une fois essayé d'éliminer de l'immense arsenal de nos lois, tout ce qui nous en a paru abrogé, suranné, inutile, d'intérêt privé, plutôt que d'intérêt public; de commenter leurs principales dispositions et de les annoter, des jugements ou arrêts rendus par nos tribunaux, par notre Cour impériale et par la Cour de Cassation, sans négliger de mentionner au bas de ces textes ainsi annotés et commentés, les dissertations et autres travaux propres à les éclairer et à les expliquer. Mais toujours, comme au vieux Dédale, *patriæ cecidére manus!* A quoi bon, nous sommes nous dit, cet arrangement ingénieux, cette commode codification, cette *facilitation* de recherches? — A quoi bon, pour qui n'est ni jurisconsulte, ni avocat, ni magistrat? Un tel travail, fût-il fait avec la persévérance d'un Ménerville, la patience d'un Durand et l'érudition d'un Gilbert, donnerait, à celui qui ne l'a pas encore, la pleine et sûre intelligence de la législation algérienne? Eh! qu'importe à un étranger, à un indigène, à un français, oui, à un français, mais à un français ignorant tout comme l'indigène et l'étranger, la loi qu'il est censé connaître, qu'importe notre codification, qu'à-t-il à faire de nos recueils? Ce qu'il veut, c'est la connaissance de nos lois, leur connaissance exacte, facile, certaine! Ce qu'il lui faut, c'est cette simplification de la loi, fille de cet esprit de synthèse analytique qui, sur un point donné, fournit, sous la forme d'un Code, la formule sommaire et concise du droit. Pour lui, le livre qui lui enseignera la loi, sera ce qu'est le catéchisme pour le chrétien, ce que sont les *Recalas* pour les musulmans : un abrégé qui *résumera tout*, parcequ'il sera fait par des hommes qui auront *tout vu;* un vrai panorama, une vraie *synopsis* juridique où, d'un seul coup-d'œil, il pourra embrasser, sur un sujet quelconque, le faisceau tout entier de notre législation.

Mais, qu'est-ce que cela, si ce n'est la *réformation* que nous sollicitons, et qui doit se traduire en un Code?

Or, n'en déplaise aux rares partisans des boutades de Savigny contre la codification, en tant que synonyme de confection d'un Code, il y a chez les peuples modernes un besoin irrésistible de cette codification. On ne veut plus du droit à l'état *sporadique*. La coordination synthétique, analytique, sommaire, concise des préceptes légaux ; leur réunion harmonieuse dans le cadre le plus étroit, voilà *l'hoe in votis* de toutes les nations civilisées. Et qu'on ne nous parle plus de la spontanée et divine végétation du droit ! Sa culture raisonnée et scientifique n'en tombe pas moins sous l'empire du travail du législateur qui aide son développement, règle sa croissance, dirige ses progrès, *codifie* ses tendances!

Donc, un Code, c'est-à-dire, le plus puissant, le plus utile, le plus universel instrument de *vulgarisation* des lois ! rien de plus, rien de moins !

— Eh bien soit! mais ce Code, comment parviendrez-vous à en doter l'Algérie ? —

Avant tout, ne nous laissons pas trop effrayer par des difficultés qui ne sont certes ni insurmontables, ni même de nature à rebuter ou à décourager des hommes qui, au sentiment d'une utile et noble mission à remplir, joindraient la ferme et généreuse résolution de n'épargner ni temps, ni travaux, ni recherches pour s'en acquitter au plus grand avantage de leurs concitoyens. Que faut-il pour mener à bonne fin l'œuvre que nous proposons ? Trois choses : — savoir où gisent les nombreux documents qui, sous un titre ou sous un autre, arrêtés des gouvernements généraux, arrêtés d'intendants civils, ordonnances, décrets ou lois, reproduisent intégralement et officiellement le vaste et multiple ensemble de ce que nous croyons pouvoir et devoir appeler la *législation algé-rienne ;* — les classer, recueillir et coordonner entr'eux, de façon à ce que, sous une dénomination commune et, autant que possible, dans l'ordre le plus logique et le plus rationnel, il soit facile à l'homme le moins versé dans l'art de rechercher un texte législatif, de le trouver à un moment donné, — sans efforts, sans ennui, sans perte de temps, *levi et simplicivid* et avec ce texte tous ceux qui, directement ou indirectement, s'y rapportent et s'y lient, soit pour l'expliquer, soit pour l'étendre, soit pour le restreindre ; — analyser tous ces documents ainsi recueillis, dressés et coordonnés, les réduire en articles substantiels, clairs et précis, à l'instar des articles de nos Codes métropolitains, et principalement du Code Civil, et indépendamment des dispositions extraites des documents généraux de la législation actuelle et expressément conser-vés, indiquer nettement, sous des formules insusceptibles d'interprétation ou de doute, celles qui ont été, sont ou seraient virtuellement ou textuellement, en tout ou en partie, supprimées ou abrogées.

C'est dire, en d'autres termes, que le Code algérien, ainsi composé, s'assimilant plusieurs des prescriptions en vigueur, en même temps qu'il rejetterait ou modifierait un grand nombre d'entr'elles, aurait besoin pour devenir obligatoire, du sceau de l'autorité souveraine, et ce sceau, ce serait l'appro-bation et la sanction de l'Empereur.

Et, en effet, le travail de notre commission ne serait pas seulement un travail d'érudition ou de compilation législa-tive ; à ce compte, on pourrait, jusqu'à un certain point, se contenter de ceux qui ont été publiés par M. Franque, par la Commission à qui nous devons le *Recueil général des actes du gouvernement,* et surtout par M. de Ménerville.

Mais, ces travaux, tout le monde le comprend, si utiles qu'ils soient, ne sont et ne peuvent être que la préparation, que les préliminaires, ou, si l'on veut, les matériaux de celui que nous demandons.

Réunir les pierres destinées à un édifice, c'est quelque chose; les disposer dans l'ordre où elles doivent être employées avec la plus grande économie de temps, c'est plus encore : enfin, esquisser le plan détaillé suivant lequel devra être fait l'édifice, — c'est beaucoup! Et pourtant ce n'est pas assez. Ces pierres il faut les tailler, les polir, les superposer, pour en faire des angles et des murs. Avec quelque soin et quelque exactitude que vous les ayez préparées et rangées, il faut grossir les unes, rappetisser et retailler les autres, employer celles-ci telles qu'elles sont, n'user de celles-là que telles que les veut la nouvelle façon nécessitée par les besoins imprévus ou des dérogations forcées au plan primitif. Ce n'est pas tout! Il faut encore les rattacher toutes ensemble par un lien commun ; et sans parler des agencements internes, de la distribution des pierres, etc, etc, établir entre les fondations, les murs, le couronnement de l'édifice, cette harmonie de proportions, *luculentam consonantiam,* cet accord parfait du tout avec la partie et de la partie avec le tout, ces rapports enfin de l'œuvre avec sa destination, qui constituent tout à la fois le Bon, le Beau et le Vrai architectural.

Mais, nous dira-t-on, ces maçons, ou plutôt ces architectes du Code algérien, où les trouver? où les prendre? Outre le nouveau travail de collection, de compilation, de récension et de révision, auquel ils devront d'abord procéder, vous leur imposez une tâche, sinon identique, tout au moins, et sous bien des rapports, analogue à celle des rédacteurs du Code civil. Combien de lois tombées en désuétude, et non expressément rapportées! combien dont les prescriptions sont en contradiction avec des lois antérieures! combien, dont la disposition finale, véritable énigme de sphinx, se contente de déclarer que celles qui les ont précédées seront applicables, nonobstant toutes autres dispositions contraires ou non abrogées par elles! — Quel dédale! quel cahos! quel labyrinthe! quel insaisissable Protée? N'est-t-il pas à craindre que nos législateurs ne s'égarent et ne se perdent au milieu de ces difficultés sans nombre? — Ou, de même qu'en 1833, vous nommerez une commission composée de métropolitains, une commission française, — et alors vous courrez l'immense et presque inévitable danger de donner à l'Algérie, un Code peu fait pour elle, inspiré qu'il sera, en grande partie, par des idées peu en harmonie avec les besoins de l'Algérie, par des idées métropolitaines plutôt qu'algériennes. Ou bien, vous recourrez à une commission formée d'hommes habitant, depuis plusieurs années, l'Algérie, en un mot d'Algériens, et alors, qui vous répond que votre commission aura en même temps que la conscience de son œuvre, les connaissances théoriques et pratiques de la législation, et, qui plus est, l'aptitude spéciale nécessaire pour la rédaction d'un Code comme le vôtre? — Voilà bien l'objection, telle qu'on nous l'a faite plus d'une fois, objection spécieuse, mais nous allons le voir, fondée toute entière sur un dilemme sans fondement sérieux et réel.

Répondons-y en quelques mots.

A quoi se réduit-elle? A prétendre que l'œuvre, objet de nos vœux et des vœux de l'Algérie entière, est une œuvre difficile, qui réclame, pour être, je ne dirai pas parfaitement, mais convenablement exécutée, beaucoup de patience, des efforts persévérants, de longs et rudes labeurs. Mais loin de nous la pensée de le nier! — Que dis-je! nous le nions si peu que déjà, dans plus d'une occasion, nous avons exprimé, sur ce point, une manière de voir de tout point conforme à celle de nos adversaires! Oui! l'œuvre de récension, de révision, de *réformation* de notre législation est difficile : *ardua est!* Mais, nous le répétons, quelle que soit sa difficulté, *l'intelligence, l'expérience* et *le travail,* aidés du temps, peuvent et doivent en venir à bout.

Nous disons : l'intelligence, l'expérience et le travail; car voilà ce que, sous peine de le condamner à un avortement ou à un échec malheureusement trop certain, nous exigeons comme conditions indispensables, *sine qua non,* du succès du Code algérien. Sans elles, autant vaudrait entreprendre d'élever un édifice sur le sable, ou, pour parler sans figure, autant vaudrait aspirer au but sans prendre les moyens d'y parvenir. En toutes choses, et surtout en matière de sciences purement rationnelles et morales, telles que la législation, où, à côté de principes invariables, incontestables et inconstestés, parcequ'ils sont fondés sur l'unité et l'évidence de la nature des choses, se groupent une multitude de conséquences ou de déductions, plus ou moins certaines, et variant avec les pays, les éléments, les institutions, les habitudes, les aspirations et les mœurs, parce qu'elles ne reposent que sur les lois, trop souvent méconnues ou mal appliquées, de la raison humaine; en toutes choses, dis-je, ce qu'il faut avant tout, ce qui constitue cette pierre angulaire, base inébranlable de toute entreprise grave et sérieuse, c'est le bon sens, c'est la logique, c'est l'art de proportionner et d'adapter l'effort au mouvement, le mouvement à l'acte, l'acte au résultat qu'on veut atteindre.

Or, je soutiens, d'une part, qu'étant remplies ces trois conditions, il est permis d'espérer la réalisation prochaine de notre idée, comme aussi il est logique et naturel de le confier, en partie du moins, plutôt à des hommes, pris sur place, parmi les habitants de l'Algérie, qu'à des hommes venus de France — et d'autre part, qu'il est possible et facile de trouver dans la colonie les collaborateurs de notre Code algérien.

Que demandons nous, indépendamment du temps, cet indispensable auxiliaire de tout ce qui n'est pas créé par la puissance divine? Nous l'avons dit, de l'intelligence, de l'expérience, du travail.

De l'intelligence? Entendons-nous bien sur la portée de cette condition. Il y a diverses sortes d'intelligences : l'intelligence qui se nourrit d'illuminations soudaines, et qui n'est autre que la raison élevée à son plus haut sommet, en d'autres termes, le génie. Cette intelligence de premier ordre, on peut toujours la désirer ; mais l'exiger, mais la réclamer, jamais! *Sunt pauci quos Jupiter æquus*..... Mais il y a aussi, et c'est heureux pour l'Humanité, cette intelligence, non pas vulgaire, je ne dirai pas même départie au commun des mortels, — mais développée par l'étude, par le contact avec les choses et les hommes, perfectionnée par l'exercice, dans un but déterminé et spécial, de toutes les forces de l'esprit et de toutes les puissances de la raison; — qui, pour n'être pas du génie, ne laisse pas que de lui ressembler par ses inspirations, ses vues élevées, ses tendances sublimes vers l'idéal qu'elle prévoit, qu'elle soupçonne, que quelquefois même elle devine, mais qu'elle montre plutôt qu'elle ne l'appréhende et ne le saisit. Cette intelligence que j'appellerais volontiers de deuxième ordre, Dieu en a doué un certain nombre d'hommes qu'il prédestine à prendre part à la direction et au gouvernement des choses humaines, et il est permis de s'adresser à elle, sans dépasser la sphère du possible.

Eh bien! je le demande à quiconque a vu, comme nous, fonctionner de près les administrateurs, les magistrats, les hommes de toutes les classes, depuis les chefs de notre colonie jusqu'au moindre de ces « hardis colons » qui arrosent de leur sueur le sol qu'ils ont résolu de transformer pour se créer une seconde patrie, — cette intelligence est-elle donc si rare parmi eux, qu'on ne puisse tenir pour certain qu'alors qu'on le voudra, on n'éprouvera, à les trouver, d'autre embarras que l'embarras du choix? L'Algérie, sous tant de rapports terre française, n'a-t-elle pas été longtemps, et, jusqu'à un certain point, n'est-elle pas encore terre coloniale, et les colonies, c'est là leur honneur et leur gloire, ne se distinguent-elles pas de la métropole par un nombre d'hommes intelligents et éclairés, relativement plus considérables que dans la métropole? Pense-t-on qu'ils n'ont pas, tout comme nous, la conscience des lacunes, des obscurités et des imperfections de notre législation, et le désir, le désir sincère et cent fois exprimé, d'y voir mettre un terme? — Et puis, toutes choses d'ailleurs égales, ces hommes, les uns témoins, les autres victimes des vices et des besoins de

cette législation, — tous imprégnés des effluves de son atmos-
phère, — ne seront-ils pas plus capables que des hommes de
la métropole, de remédier aux uns, de satisfaire aux autres?
Mais ce n'est pas tout! Si jamais algérien affichait, sous
n'importe quel prétexte, l'étrange prétention de s'ingérer dans
les affaires de la métrople, les métropolitains auraient-ils
assez de sarcasmes et d'anathèmes pour repousser leurs pré-
tentions? La métropole! leur crierait-ils de toutes parts, et
on aurait raison. Mais nous, nous Algériens, aurions-nous
donc grand tort de leur crier à notre tour : Aux algériens
l'Algérie, aux algériens le droit, aux algériens le devoir
de veiller aux progrès de leurs lois, d'en codifier les améliorations, et d'en amener le perfectionnement !

Expérience : expérience des hommes, expérience des choses, expérience des idées, des tendances, des aspirations :
expérience des faits, des actes, des réalités de l'Algérie.
Sans cette seconde condition, comment espérer la confection d'un Code, c'est-à-dire d'un travail, écho et expression
de tout ce qui constitue un peuple?

Travail : — ceci n'a pas besoin de démonstration : un
travail assidu, persévérant, opiniâtre, *labor improbus* ! Toute
œuvre consciencieuse et durable est à ce prix ! Contentons-
nons donc de dire, avec l'un des principaux organes de
notre presse [1], que notre Commission ne devra pas être
composée de *sinécuristes*, ou, ce qui serait pis encore, d'hommes qui, tout en passant pour concourir activement à l'accomplissement de leur mission, n'y consacreraient cependant
que leurs moments perdus, ou bien, laisseraient à quelques-
uns d'entr'eux le soin d'exécuter ce qu'ils n'auraient pas le
courage de tenter eux-mêmes.

Dois-je m'arrêter devant l'objection — ridicule, si elle
est de bonne foi, — coupable si elle ne l'est pas, de ces
adorateurs du dieu Terme, qui, tout en convenant des vices
et des imperfections de nos lois, ne veulent pas qu'on songe à

[1] *Echo d'Oran.*

les corriger ou à les détruire, préférant au progrès qui réforme et qui guérit, le *statu quo* qui rend immobile et incurable? Etrange fatalisme, non moins funeste qu'absurde, et digne tout au plus d'un regard de dérision et de mépris!

Pour toute refutation, nous pourrions appliquer à notre législation cette naïve et profonde remarque de Plutarque sur le visage de Socrate : « Socrate nasquit en vray satyre. Ains du dedans au dehors il sut se transformer tellement par cette sculpture de raison, de vertu et de dévouement et, il refist si bien son visaige qu'au dernier jour ung dieu s'y vit dont s'illumina le Phédon.»

Or, nous croyons avoir prouvé que *sculptée* à l'image de la législation française, la législation algérienne peut se transfigurer, et devenir sa sœur jumelle[1].

Mais comment la sculpter ainsi? — En faisant pour elle quelque chose d'analogue à l'œuvre de saint Thomas ou de Suarez sur la Théologie scolastique, cette œuvre d'érudition et de science, de conférence, de synthèse et d'analyse, du classement et de coordination, — admirable résumé ou *somme* de philosophie, de psychologie et de théologie, — monument colossal qui, bien que formé d'éléments divers, nous apparaît comme une statue coulée d'un seul jet!

Mais c'est trop demander peut-être ! — Eh! bien, ce que nous attendons de notre Commission, c'est d'abord ce que tenta, au XVIe siècle, le laborieux Barnabé Brisson, en composant son *Code Henri*.

C'est, en second lieu, ce qu'un *seul* magistrat. dont le nom restera dans l'histoire de notre droit français comme un honneur et un exemple pour la Magistrature [2], vient de réaliser avec un rare bonheur dans son nouveau *Code annoté de la presse*, — code vraiment nouveau, puisque le premier de tous, il nous offre la concordance raisonnée, comparée et annotée de toutes les lois se rapportant directement ou indirectement à son vaste sujet! Certes, on l'avouera sans pei-

(1) Voir notre *Droit Algérien.*
(2) M. Rousset.

ne, la législation algérienne est bien plus digne que celle de la presse, d'un si complexe et si difficile travail !

C'est encore, et tout au moins, ce qu'a fait avec un incontestable succès, un des membres[1] de notre Parquet général, dans son *Code* des lois françaises, en recueillant, réunissant, et rattachant entr'elles, les dispositions éparses du *Bulletin des lois* sur une même matière.

Certes, si la législation algérienne avait été l'objet de semblables travaux, nous ne saurions trop en remercier leurs auteurs. Et pourtant, nous demandons quelque chose de plus et de mieux : c'est que, — répétons-le, codifier, pour nous, c'est mieux que composer une synopsie de textes, et même une synopsie raisonnée, annotée, commentée. C'est plus qu'une collection aussi complète et aussi commode qu'on puisse l'imaginer. — L'ordre, l'harmonie, la symétrie, c'est le Beau ! Mais avant et au-dessus du Beau, cette splendeur de Vrai, il y a ce qui constitue le Bon, cette âme du Beau ! il y a la vie ! et la vie d'une loi, c'est son organisation *articulée*, c'est sa transformation en *Code* !

Ne terminons pas cette Etude sans prévenir une objection *impossible*, il est vrai, mais qui nous a pourtant été faite à-propos de notre *Droit Algérien*.

Prenez garde, nous dira-t-on ! Par votre réformation de la législation algérienne, vous entravez le cours de son développement et son progrès !

Ainsi donc, nous voulons que nos lois soient encore demain ce qu'elles étaient hier, ce qu'elles sont aujourd'hui ! Mais de grâce, avant de nous accuser, lisez-nous, comprenez-nous ! Ce développement et ce progrès de notre législation, c'est là précisément ce que nous demandons avec vous ! Instituer une législation, la réviser, la coordonner, la codifier, est-ce donc en paralyser l'essor ? Mais n'est-ce pas plutôt jeter un pont sur elle, pour relier son présent et son avenir ?

(1) M. l'avocat-général Durand. — Il a eu M. Paultre pour collaborateur.

Croyez-nous ! Nous sommes, à cette heure, ce que nous étions il y a deux ans, lorsqu'en tête de notre Etude sur les Agréés en Algérie, nous proclamions bien haut notre « *For head* » algérien. *En avant!* Voilà notre devise, mais *en avant* avec prudence, avec circonspection, avec raison, — non comme l'enthousiaste, ou le pur théoricien que dévore « cette fièvre de changements qui ne peut faire que des ruines [1] » non comme ces dangereux rêveurs qui, loin de ne voir le progrès que dans une *évolution en avant*, ne le placent que dans la *révolution* et dans l'utopie !

En avant! mais à une condition ; c'est que nous saurons notre point de départ et notre point d'arrivée, et que nous ne séparerons ni le présent du passé, ni l'avenir du présent, ou, plus clairement encore, que le Progrès sera pour vous comme pour nous, l'enfant de la Raison... et de la Tradition.

VIII.

Et maintenant, recueillons-nous !

Qu'est-ce que cette *réformation* législative dont nous avons démontré et la possibilité, et l'utilité, et l'opportunité, et la nécessité ?

— La pleine réalisation, pour l'Algérie, de l'idée de *loi*, la *totalisation* générale et, qu'on nous permette ce mot, *individuelle*, sur tous et chacun des objets de la *législation* algérienne, mais la totalisation exacte, complète, définitive, indubitable, réduite en articles de code, — de tous les documents et actes constituant cette *législation*.

C'est dire que nous aussi, mais en dehors de tout système ou préoccupation politique, nous demandons la transfiguration et la transformation de la loi algérienne en *plébiscite* [2].

Nous voulons, en effet, que pour être par *tous* pratiquée, elle devienne, elle soit, autant que possible, connue, *sue*,

---

(1) Franck, de l'Institut. Rapport sur l'excellent ouvrage de M. Jules Duval, *De l'émancipation européenne etc.*

(2) V. supra, *Prologue.*

comprise de tous. Car pour nous le droit, c'est plus que la règle ou la science du tien et du mien! Le droit, c'est la propriété, dans un sens philosophique et absolu, de même que dans le même sens, c'est la liberté!

Donc, et c'est là notre conclusion, donc, qu'à la seule vue des textes qui le composent, ou de la Loi, tout algérien puisse s'écrier en esprit et en vérité : Voilà mon droit, voilà mon devoir, voila ma *loi*, — la loi, le devoir, le droit de mes concitoyens !

Alors la Loi sera vraiment la *Loi* !

C'est-à-dire :

Le *Lien* qui rattache et unit entr'eux les membres d'une même cité, d'un même peuple : *Lex, Ligamen ;*

Le *Flambeau* qui montre à chacun la voie qu'il doit suivre à travers la vie sociale et civile : *Lex, Lux ;*

La *Lecture* intelligente et favorite de quiconque sait lire, telle que fut la loi des XII Tables, depuis la publication, la divulgation et la diffusion de ses secrets, par l'heureuse indiscrétion de Flavius : *Lex, Lectio ;*

Le *Choix* analytique, —clairement et brièvement formulé comme le Droit français, — de nombreux et divers éléments d'un droit antérieur, confus, obscur et indéterminé comme le Droit anglais : *Lex, Electio ;*

Le *Verbe* humain, image du Verbe divin, se faisant entendre à l'oreille de « tout homme venant » sur la terre algérienne, se rendant sensible, public, universel, parlant à toutes les intelligences, se notifiant et s'enseignant à tous les esprits, — la parole enfin de la Société s'incarnant dans la pensée de tout individu : *Lex, Logos* !

Or, cette parole, nul ne l'a prononcée encore !

Que Celui-là donc la dise, qui veut et qui peut la *rédemption* et le progrès de l'Algérie :

  Dicat Imperator, *et erit* Lex !

ÉPILOGUE.

Ces pages étaient à peine écrites, que, nous étant empressé, suivant notre habitude, de les soumettre à l'examen critique d'amis *prompts à nous censurer*, l'un d'eux nous fit, de prime abord, une observation qui n'était dépourvue ni de sens, ni de portée.

Notre siège était fait. Mais il nous eût fallu le refaire cent fois, que, par respect pour nos lecteurs, nous nous y serions de grand cœur résigné. Une bonne observation est chose si utile au succès d'une *étude législative et judiciaire !*

En voici la substance : rendre sensible autant que possible, par un ou plusieurs exemples, la vérité théorique et la nécessité pratique des idées émises dans le cours de notre travail.

Nous appelâmes alors l'attention de notre censeur sur différents passages de notre opuscule, où, supposant connus de tous, certains *desiderata* de la législation algérienne, nous avions cru devoir nous contenter de les indiquer, ou plutôt de les énumérer. — C'est bien, nous dit-il. Mais faites mieux encore ! Donnez au moins un exemple à l'appui de votre thèse, et qu'il soit l'un des plus *pertinents* et des plus *concluans !*

Segniùs irritant animos....
.... quæ sunt subjecta oculis...

Docile à son conseil, je choisis, ou, plus exactement, je préférai entre mille, celui tiré d'un décret récent relatif à l'organisation de la Justice musulmane en Algérie, et destiné à modifier une disposition organique placée dans le décret, tout récent aussi, qui a de nouveau créé cette organisation.

Certes, on sera contraint de l'avouer, si jamais document législatif dût être clair, précis, *certain*, c'est évidemment celui-là.

Né en 1859, — plus de vingt cinq ans après le chaos législatif de l'Algérie, — né, disons-nous, de plusieurs autres décrets sur la même matière, et dont, en plus d'un endroit, il n'est que la réédition améliorée et augmentée, il semble que son texte ne devait soulever aucune question sérieuse d'interprétation, surtout à l'endroit du personnel judiciaire.

Eh bien ! détrompez-vous ! — Et la preuve?— Ecoutez ! Ce ne sera pas long.

En 1834, ordonnance qui institue près des tribunaux français de l'Algérie, des *assesseurs* musulmans participant avec voix délibérative, soit en 1re instance, soit en appel, au au jugement de toute affaire civile, commerciale, criminelle, dans laquelle *un musulman* serait partie.

En 1842, ordonnance qui les supprime en matière criminelle; 1er octobre 1854, décret impérial réorganisateur de la Justice musulmane, qui maintient l'assessorat dans le statu-quo de l'ordonnance du 10 août 1834.

Vient enfin le décret du 31 août 1859, qui, pour la troisième fois au moins, organise la Justice musulmane.

Lisons son article 24 : Les tribunaux de 1re instance et la Cour sont assistés pour le jugement des appels *entre musulmans*, de *deux* assesseurs musulmans.

Quoi de plus clair ?

Est-il question de la présence des assesseurs dans les affaires entre musulmans et européens? Pas le moins du monde ! Donc, à cet égard, rien de changé dans la législation antérieure !

Et ce qui le prouve surabondamment, c'est le dernier article de notre décret : — « Le décret du 1er octobre 1854, est rapporté. Toutes autres dispositions des décrets, ordonnances, arrêtés, sur l'organisation de la Justice indigène, cessent d'avoir leur effet en ce qu'elles ont de contraire au présent décret.»

Or, il saute aux yeux que le maintien des assesseurs dans

les cas prévus par l'ordonnance de 1834, n'a rien de contraire à l'article 24 du décret du 31 décembre 1859.

Et puis, l'assessorat ordinaire pour les jugements entre musulmans et européens, n'a rien de commun avec la Justice musulmane, et, par suite, ne peut tomber sous le coup de l'abrogation prononcée par l'article 64 du décret de 1859!

Cela est évident, cela est incontestable.

Si donc un décret déclare plus tard que pour le jugement sur appel des contestations *entre musulmans*, la Cour impériale et les tribunaux de l'Algérie ne seront plus assistés que *d'un seul* assesseur musulman, qu'en concluerons-nous? Deux choses, tout aussi évidentes, et incontestables ; — que ce décret déroge au décret de 1859 — mais qu'il laisse debout l'ordonnance de 1834.

Et pourquoi cela? Parce que les dérogations ou abrogations sont de droit étroit, — parce qu'elles ne se présument pas, — parcequ'un texte antérieur à un autre texte, se conciliant avec lui et ne disposant ni dans les mêmes termes, ni pour les mêmes cas, ne peut, ni expressément, ni tacitement, ni textuellement, ni logiquement, ni en droit, ni en fait, être abrogé par ce même texte.

Or sus, oyez à présent !

D'une part, le rapport qui précède le décret du 5 décembre 1861, déclare qu'il semble utile de réduire aujourd'hui le rôle des assesseurs à leur assistance au jugement des appels musulmans, — et que le temps a fait disparaître les raisons politiques qui justifiaient les ordonnances de 1834 et de 1842.

D'autre part, voici une circulaire, qui, pleinement conforme à ce rapport, interprète ce décret en ce sens que les assesseurs n'auront plus à intervenir que dans l'appréciation des litiges d'appel *entre musulmans*.

Qui a raison de la circulaire, du rapport, ou du décret?

Demandez plutôt ce qui doit lier la conscience du magistrat — si c'est le texte, ou le commentaire de la loi!

Où est, vous dira la raison, le texte qui supprime l'ancien

assessorat près les tribunaux civils, comme l'art. 1er du décret
du 5 décembre 1861 le supprime près les tribunaux de
commerce et les justices de paix ?

Nulle part ! Donc aujourd'hui, comme avant le 5 décembre 1861, l'ancien assessorat subsiste en première instance
pour les litiges entre Musulmans et Européens.

Et pourtant, sur cette question si simple, si facile, que
d'hésitations! que d'erreurs ! *Ab uno disce* omnia.

Vous parlerai-je de l'art 72 de l'ordonnance de 1842, sur
la contrainte par corps en Algérie, ou de l'art. 30 de l'arrêté
ministériel sur l'organisation du notariat algérien, etc? Une
jurisprudence récente a fait justice de la fausse et invétérée
interprétation du premier, et j'espère vous démontrer bientôt
le sens nouveau, mais vrai, qu'il faut attacher au second [1].

— Mon ami trouva que j'avais fait droit à sa juste observation, au moyen de ce complément pratique, et, pour ainsi
dire, palpable de ma thèse.

Je désire, amis lecteurs, que vous me trouviez digne du
même *satisfecit.*

Je n'ai pas la prétention d'être du goût de tous. Mais je
serais heureux d'obtenir l'approbation des lecteurs comme
vous, — intelligents, sérieux, impartiaux.

Au reste, et c'est par là que nous prendrons congé de vous,
— magistrat chargé de l'office public de rendre la justice, et,
dans les limites de nos forces, de l'enseigner, de la réaliser
et de la *pratiquer*, nous n'aspirons qu'à une chose — à être
compté par vous au nombre des plus modestes disciples de
cette belle philosophie pratique, *philosophiæ pulcherrimæ
partem*, qu'un des correspondants de Pline-le-Jeune résu-
mait en ces trois mots : *agere negotium publicum*, judicare,
promere *et exercere* justitiam, *quæque ipsa doceant, in usu
habere !* [2]

(1) *Du Notariat en Algérie,*
(2) Plin. Jun. Epist. I-10.

NOTES.

Plus éloigné que jamais de tout grand centre de ressources bibliographiques, nous avons presque toujours été forcé de faire appel à notre mémoire, sans pouvoir en contrôler les indications. Mais nous n'affirmons pas moins qu'aucune de nos citations n'est inexacte, et que là où nous n'aurions pas été assez heureux pour nous en rappeler les *paroles expresses*, nous en avons, à coup sûr, rapporté *le sens*.

Si, dans un pays comme l'Algérie, nous n'avions dû, avant tout, viser à ce qui est positif et pratique nous aurions demandé à l'histoire de la législation en général, et surtout de la législation romaine et de la législation française, la confirmation de notre thèse.

Au reste, nous aimons mieux réserver ces arguments historiques pour notre étude sur *l'unité de la législation algérienne*.

P. 5, ligne 11 « du patriarche, lisez » « *des patriarches.* »

P. 6, ligne 34 « demandai-je » lisez « demandé-je. »

P 24, ligne 2 « au lieu de soulève et fait naître » lisez « *fait naître et soulève* »

P. 29, ligne 9 « jouir enfin » ajoutez « *et dans toute la force du terme.* »

P. 30, ligne 18, « au lieu de notre rapport » lisez « *un rapport.* »

P. 33, ligne 20 « le codex législatif » lisez « *le pendant du codex médical.* »

P. 48, ligne 21 « de le confier » lisez « *d'en confier l'exécution.* »

P. 52, ligne 12 et 13 « synopsie » lisez « *synopsie* »

P. 55, ligne 22 « segnius » lisez « *acrius* »